|시와 수필|

아침을 연다

南善 최병용 작품집

도서출판 천우

_____ 님에게

南善 최병용 드림

생김새도 성격도 처한 환경도 모두 다르지만
향기 있는 삶을 살아가고 싶고 향기 있는
사람으로 남고 싶은 마음은 똑같습니다.
내가 사랑하는 사람들과 나를 알고 있는
모든 분들과 좋은 인연 함께 이어가고 싶습니다.

년   월   일

_____

● 작가의 말

  2024년 7월, 생애 첫 시집으로『별빛 흐르는 밤』을 출간하며 처음이라는 설렘과 두려움, 그리고 두근거림으로 준비하던 날이 아직도 생생하다.
  그로부터 1년 만에 두 번째 시집을 세상에 내놓게 되니 기쁨이 앞서면서도, 한편으로는 문학의 길을 걸으면 걸을수록 과연 나의 글이 독자들에게 얼마나 진심으로 다가갈 수 있을까 하는 두려움이 함께 밀려온다.

  섬에서 태어나 어린 시절을 그곳에서 보냈다.
  그 시절 나에게 닥쳤던 어둡고 긴 터널을 지나며
  중학생 때부터 품었던 문학의 꿈은 펼쳐보지도 못한 채 삶의 생존경쟁 속으로 뛰어들었다.
  이후 오랜 세월 동안 세계 각지를 다니며 사업을 이끌어 왔지만, 마음 한편에는 늘 글을 쓰고 싶은 욕망이 자리하고 있었다.

  코로나 팬데믹은 세상에 많은 아픔과 변화를 남겼지만, 내게는 역설적으로 문학의 길로 다시 들어설 수 있는 계기가 되었다.

중국에서의 사업을 접는 아픔 속에서도 오랜 시간 간직해 온 문학의 열정을 다시 불태울 수 있었던 것은 어쩌면 하늘이 내게 준 또 하나의 기회였는지도 모른다.

살아생전 늘 내게 들려주시던 아버지의 말씀,
"精神一到 何事不成(정신일도 하사불성)"
정신을 한곳에 집중하면 어떤 일이든 이룰 수 있다는 그 말씀이 지금의 나를 이 자리에 서게 했다.

이제는 문학의 초심으로 돌아가, 부족한 부분을 채워가며 끝까지 정진하려 한다.
비록 늦은 길이지만, 그 길 위에서 작은 시 하나로 누군가의 마음에 별빛 한 줄기 비출 수 있기를 소망한다.

2025년 10월

최병용

● 축사

해조음이 들리는 듯한 문향의 시편마다 위로받는다

감성철학자 김 천 우
(시인 · (사)세계문인협회 이사장)

　Keep your face always toward the sunshine(당신의 햇살을 향하여 얼굴을 보여주세요.), Let your light shine(당신의 빛을 빛나게 하세요.)이라는 문구가 떠오르는 『아침을 연다』 작품집 제목은 가을 햇살처럼 눈부신 실루엣으로 달려왔다. 첫 시집 『별빛 흐르는 밤』 상재 이후 수많은 낮과 밤이 지나고 다시 창창하게 떠오르는 태양의 빛, 지상의 모든 삼라만상을 생동케 하는 작품집 『아침을 연다』 발간은 시인의 밝고 긍정적이면서도 건강한 영육 간의 멋진 랑데부가 아닌가 싶다. 등단 이후 벌써 두 권째 건강한 작품집을 출간하는 시인의 뜨거운 시인정신과 내면의 경지에서 분출하는 다이나믹한 시세계는 독자들에게 공감대를 형성하고 시인의 가슴 따뜻한 문향이 온 누리를 영화롭게 채색할 것이라 생각한다.

제1부 판도라의 상자에서부터 백두산 여행지까지 접목하는 작품세계는 한 편의 영화를 감상하듯 환상의 나래로 안내할 것이다. 작가의 서문 중에서 생전에 들려주신 아버지의 말씀, "정신일도 하사불성"이란 화두처럼 시인의 거룩하고 아름다운 언어의 연금술은 시와 수필을 통하여 날마다 독자들에게 사랑의 메시지를 던져 주고 있음이 작품마다 역력히 서술되어 있다.

　그의 작품집 중에서 '고요를 깨우며 문을 두드리는/ 창가에 머문 햇살 한줄기/ 어제의 무게는/ 커피 향 따라 퍼지는 따스함에/ 천천히 녹아내린다.' 얼마나 단아하고 고요한 물빛 세레나데인가! 최병용 시인의 영혼 두레박을 퍼 올리는 완도 보길도의 바다 내음이 물씬 풍겨오듯 편편마다 스며드는 여명의 아름다운 풍경소리가 삼천리 방방곡곡 골짜기마다 울려 퍼지는 느낌이다. 독자들에게 사랑받고 공경받는 작가로 시와 수필의 진면목을 보여주는 작품집 출간을 진심으로 축하하며 문학세계의 등단 작가이자 운영 홍보 부위원장으로 단단한 디딤돌이 되는 훌륭한 작가로 거듭나기를 바라며 진심을 담아 출간을 축하하는 바이다.

● 축사

최병용 시인의 작품집
『아침을 연다』 발간을 축하하며

조 용 연
(시인 · 문학평론가)

　최병용 시인의 작품집은 이미 『문학세계』 문학상의 본상까지 받은 시집 『별빛 흐르는 밤』을 펴낸 작가로서 인생에 대한 진지한 고민과 성찰을 쏟아낸 귀한 글 모음이다.
　시인은 사회적으로도 성공한 기업인의 길을 걸었으면서도 성장의 과정으로 그 시대 보통 사람들보다도 더 모진 가난과 고통을 겪어온 시간이 고스란히 작품 속에서도 배경이 되어 울림을 준다.
　지금이야 해남 땅끝에서 하루에도 수십 편의 배편이 있지만 남도 바다의 끝 보길도라는 천혜의 섬이 고향이어서 어쩌면 문학의 씨앗이 더 튼튼하게 자랄 수 있었던 게 아닌가 생각된다.
　아이스케이크 통을 둘러매고 골목마다 팔러 다니던 씩씩한 시간 속에서 문학을 동경하는 소년이 되고, 뜻하지 않은 바닷가 고향으로 귀향이 어부의 삶을 살도록 했다.

 고통의 시간은 전혀 헛되지 않아서 죽을 듯한 멀미와 파도와의 싸움에서 삶의 가치와 희망을 건져 올릴 수 있었다. 시인은 자신의 치열한 인생을 땀이 소금으로 바뀌는 시간을 살아왔다고 스스로 위로하고, 현실 속에서 자기를 더욱 단단한 자리에 세워준다.

 문학을 사랑하고, 시와 수필의 향취에 인생의 후반부를 걸 수 있게 되었다는 행복이 작품집 전편에서 흘러넘쳐, 최 시인과 같은 시대를 살아온 사람으로서 공감은 더 절대적이다.

 시인은 『문학세계』를 통해 작가의 길에 들어선 자신을 자랑스럽게 여기면서, 일상의 삶에서도 동인 활동을 활발하게 하는 글쓰기의 전범을 보여주고 있어 그야말로 주변에서 부러움의 실존이 되어 있음이 틀림없다.

 앞으로도 더 의미 있는 시와 수필을 우리 문학 대중에게 선보여 주시리라 기대하며 다시 한번 작품집 출간을 축하한다.

● 축사

평범 속에 비범을 일깨워주는 진정한 목소리

윤 제 철
(시인·문학평론가)

  오늘을 여는 아침은 어제의 무게를 커피 향과 따스함에 녹이고 숨겨진 희망에 손을 내밀어 새로운 하루를 시작한다. 어떠한 난관에도 꺾이지 않는 마음으로 희망을 버리지 않는 사람들에 의해 아침은 어둠을 밀어내고 밝게 빛난다.
  최병용 시인의 작품집 『아침을 연다』는 시와 수필을 통하여 불투명한 미래를 향한 혼탁한 현실로부터 벗어나, 보다 적극적으로 새롭게 살고 싶은 우리네 이웃의 꾸밈없는 이야기이기에 답답한 속내를 참고 견디는 활력소가 되리라 믿는다. 우리의 과거가 된 어제도 오늘이었지만 미래였던 내일도 오늘이 되었다. 항상 새로운 오늘에 사는 우리는 아침을 열면서 시작을 알리고 보다 나은 하루를 만들기 위해 역사를 창조하며 살아왔다.
  최병용 시인의 시를 읽다 보면 어떤 대상에게도

걱정은 할지라도 탓하거나 미워하지 않는다. 긍정적인 사고방식은 친절하고 공감하는 태도로 다가갈 수 있을 뿐만 아니라 사람과 상황에서 좋은 점을 더 잘 볼 수 있어 도전의 기회로 볼 가능성이 높아진다. 따라서 말과 행동은 항상 밝고 환하게 함께 하는 사람들에게 믿음을 주었다.

또한 수필 속에서는 타향살이를 하면서 삶의 우여곡절을 통하여 얻은 체험을 알을 깨고 나와 새로운 세계를 살필 수 있는 기회로 여겼고, 이러한 생각과 태도가 보다 굳건한 삶의 터전이 되었다. 누가 가르쳐준 것도 아닌데 스스로 수많은 지혜를 터득하여 누구에겐가 길잡이가 되고 힘이 될 수 있는 메시지를 남겨 어둠 속의 바닷길을 밝혀주고 싶은 꿈을 지니고 있다.

어려운 난관을 극복하며 나름대로 만든 길을 남들에게 열어주고, 이 사회를 위하여 꿈을 실현하는데 밑거름이 되는 소중한 이야기를 기다려온 필자를 꾸밈없는 진실로 평범 속에 비범을 일깨워주는 이 시대의 진정한 목소리로 받아들이고 싶다.

- 시인의 말
- 축사 1 감성철학자 김천우((사)세계문인협회 이사장)
- 축사 2 조용연(시인·문학평론가)
- 축사 3 윤제철(시인·문학평론가)

제1부 판도라의 상자

판도라의 상자 ― 18 · 23 ― 아침을 연다
나에게 쓴 편지 ― 24 · 25 ― 겨울나무
세월의 흔적 ― 26 · 27 ― 내 인생에 봄
바뀐 세상 ― 28 · 29 ― 바람 소리
노을에 비친 희망 ― 30 · 31 ― 인생의 선물
내가 사랑하는 사람들 ― 32 ·

제2부 아직도 우리 곁에는

아직도 우리 곁에는 ― 34 · 37 ― 삶의 방식
늦은 겨울 이른 봄 ― 38 · 39 ― 겨울 지나면 봄
희망으로 다가선 봄 ― 40 · 41 ― 봄이 부르는 소리
봄을 따라온 개나리 ― 42 · 43 ― 희망을 꿈꾸며 사는 사람들
삶의 흔적 ― 44 · 45 ― 아낌없이 주는 나무
결실의 계절 ― 46 ·

제3부 사모곡

사모곡 — 48 · 53 — 가슴속에 아리랑
꿈에 본 어머니 — 54 · 55 — 유년기 고향집
해당화 피던 고향 — 56 · 57 — 그리움의 바다
고향 바다 — 58 · 59 — 꿈속의 연가
가는 세월 — 60 · 61 — 세월
건너가는 밤 — 62 ·

제4부 작은 별이 된 제니

작은 별이 된 제니 — 64 · 69 — 열다섯 살 애견 제니
오월의 장미 — 70 · 71 — 오월의 향기
유월의 장미 — 72 · 73 — 견우와 직녀
가을밤의 꿈 — 74 · 75 — 사랑이란?
꿈과 희망 — 76 · 77 — 보내는 마음
하늘나라 별이 된 제니 — 78 ·

제5부 어부 생활

어부 생활 __ 80 · 84 __ 슬픔과 희망의 춤
고향 바닷가 __ 85 · 86 __ 그리운 남쪽 고향
내 고향 바다 그곳 __ 87 · 88 __ 바닷가 추억
낙조 __ 89 · 90 __ 여름밤에 빛나는 별
한여름 밤의 꿈 __ 91 · 92 __ 석양빛
별빛 따라 걷는다 __ 94 ·

제6부 돼지꿈

돼지꿈 __ 96 · 100 __ 희망을 꿈꾸며 심는 사람들
잃어버린 시간들 __ 101 · 102 __ 봄날은 간다
고향 풍경화 __ 103 · 104 __ 호수에 빠진 달
꿈속을 달린다 __ 106 · 107 __ 가을 드라마
가는 가을 오는 겨울 __ 108 · 109 __ 분신
까치 울음소리 __ 110 ·

제7부 순덕이

순덕이 — 112 • 115 — 희망의 서울
사람과 사람 사이 — 116 • 117 — 봄
노란 민들레 — 118 • 119 — 너와 함께라면
가는 봄 오는 여름 — 120 • 121 — 버선발로 맞는 가을
가을 — 122 • 123 — 바람 소리
겨울 — 124 •

제8부 가훈

가훈 — 126 • 130 — 불사이군 (不事二君)
커피 한 잔에 — 131 • 132 — 맞이하는 마음
천사의 마을 — 134 • 135 — 세상살이
인생은 소풍 길이어라 — 136 • 137 — 황혼 일기
무지개 — 138 • 139 — 백 세 시대
스마트폰의 위력 — 140 •

제9부 삶의 응어리

삶의 응어리 __ 142 · 146 __ 세월의 흔적
황혼의 독백 __ 147 · 148 __ 곱게 물든 저녁노을
관상 __ 149 · 150 __ 세월
하늘을 날고 싶은 새 __ 151 · 152 __ 화무십일홍
가깝고도 먼 사이 __ 154 · 155 __ 오월이 가면
버려진 고추장 두 병 __ 156 ·

제10부 백두산 여행에서

백두산 여행에서 __ 158 · 162 __ 남북 분단의 슬픔
선(善)과 악(惡) __ 164 · 165 __ 봄 향기
따스한 봄날 __ 166 · 167 __ 섬에서 만난 커피 한 잔
칠월의 녹음 __ 168 · 169 __ 분수대의 향연
광안리 바닷가 __ 170 · 171 __ 해운대 해변의 하루
모래 위에 남겨진 발자국 __ 172 ·

● 해설 역경을 딛고 부르는 희망의 찬가 / 권대근 __ 173

제1부

판도라의 상자

판도라의 상자

〈저 하늘에도 슬픔이〉 이건 지금부터 60여 년 전에 초등학교 5학년이던 이윤복이라는 학생이 쓴 일기가 영화로 제작되어 당시 많은 관객의 눈물을 자아내게 했던 영화의 제목이다.

그 영화를 보면서 얼마나 울었던지 극장을 나오면서 퉁퉁 부은 눈이 너무 창피해 땅바닥으로 고개를 떨군 채 걸어야만 했다. 당시 나는 광주에서 고학하면서 주경야독했었다. 열여덟 어린 나이에 안 해본 일 없이 별의별 일을 다 해보았다. 영화를 보던 그 당시는 아이스케이크 장사를 하던 때다. 옛날엔 아이스케이크 통을 어깨에 둘러메고 다니면서 목청껏 "아이스케키 얼음과자."를 외치면서 팔던 1960년대 중반이다.

고향에서 혼자 올라와서 친구 둘이 사는 자취방에 끼워 살면서 초등학교 2학년인 주인집 할머니 외손녀 공부도 가르치고 신문 배달을 하였으나 매번 수업료 납부할 때만 되면 쩔쩔매게 되었다. 그러다 뒷집에 사는 케이크 장사를 하는 친구를 알게 되었고 그 친구의 권유와 도움으로 케이크 장사를 해보기로 했다. 어느 일요일 밤 친구를 따라 케이크 집엘 가서 친구가 보증을 선 후 케이크 통을 메고 길거리로 나왔다. 친구는 문 앞을 나서자마자 소리 높여 얼음과자를 외치며 동편쪽으로 사라졌다. 통금 30분 전인 11시 30분까지는 케이크 공장에 들어와야 한다고 일러줬다. 평소에 장난칠 때는 그렇게도 잘 나오던 아이스케이크 소리가 목구멍에서만 맴돌 뿐 입 밖으로 나오질 않았다.

케이크 통을 메고 인적이 하나도 없는 골목길에 들어가서 "아이스케키 얼음과자.", "아이스케키 얼음과자."를 수십 번 연습한 후, 거리로 나오면서 "달고 시원한 얼음과자 얼음과자."를 외치기 시작했다. 저녁 8시부터 시작하여 11시 반이 되도록 팔다 보니 100개들이 한 통에서 여덟 개가 남았는데 연습하느라 시간을 너무 허비한 탓에 거의 다 녹고 막대에 조금씩 남아있었다. 아까운 생각으로 막대에 남은 걸 전부 먹고 통을 반납하고 원금을 치르고 나니 3시간 반 동안 번 수입금이 70원이나 되었었다.

집에 돌아오는 길에 친구가 다 팔았느냐고 물었다. 여덟 개를 못 팔았는데 그게 절반 이상씩 녹아서 내가 먹고 막대는 버렸다고 했더니 친구가 말하기를, "이 바보야."라고 하며 못 판 건 막대기에 조금씩만 남겨져 있는 걸 주인에게 확인시켜주면 원가 계산할 때 반품으로 처리를 해준다고 일러준다. 그 말을 듣고서 얼마나 억울해했든지 모른다.

그렇게 시작한 케이크 장사였다. 하루하루 파는 대로 수입이 생기는 맛에 발가락이 부르트고 흐른 땀이 이마에서 소금이 되어도 계속할 수밖에 없었다. 열심히 뛴 덕에 밀린 수업료도 낼 수 있었고 쌀도 팔고 처음으로 한숨을 돌릴 수 있었다.

나는 그때 처음으로 흐른 땀이 이마에서 소금으로 변하는 과정을 체험하였고 그 후 나에게 어려움이 닥칠 때면 이마에서 만져지던 소금을 기억하면서 이겨내곤 하였다. 〈저 하늘에도 슬픔이〉라는 영화를 보고 눈물을 줄줄 흘리면서 피가 맺히도록 입술을 깨물었고 아무리 어렵고 힘들어도 이겨 내자고 몇백 번이나 돼 뇌었다.

그 어렵고 힘들었던 과거 때문에 정말 열심히 그리고 성실하게 살아왔다. 내가 당했던 설움, 내가 겪었던 가난을 내 자식들에겐 절대 물려주어서는 안 된다는 생각이 들었다. 아들 둘을 낳으면서도 둘이 함께 대학생이 되면 지원이 어려울지도 모른다는 기우에 큰애가 대학을 졸업한 후 작은애가 대학생이 되도록 터울을 5년으로 조절하는 등 철저한 가족계획도 세웠다.

지금은 먼 옛날 동화 속의 얘기처럼 아련해진 일들이 요즘 들어 가끔 뇌리를 스치는 건 황혼길에 들어선 나이 탓인지도 모르겠다. 고학하면서 주머니에 돈 한 푼 없을 때는 물로 배를 채우기 일쑤였고 보름 동안 부스러기 국수를 사다가 끓여 먹으며 굶기를 밥 먹듯 하였다.

견디다 못하여 결국엔 고향행을 선택하게 되었고 멀미가 심한 체질인데도 어부 생활을 2년 경험해 보고 스물두 살 어린 나이로 최연소 마을 이장을 2년 동안 하기도 했다. 그러면서 손수 설계한 어엿한 내 집과 정부 지원을 받은 내 배도 마련하였다. 고향에서의 10년 생활을 끝내고 서울로 올라와 수출 회사에 취업하여 8년 직장 생활을 끝내고 내 사업체를 시작하였고 40년 동안 수출업을 하는 동안에도 너무나 큰 곤경에 처하여 앞이 캄캄할 때는 정말 세상을 끝내고 싶다는 생각까지 해본 적도 있었다. 아무리 매서운 추위가 닥쳐도 봄이 오는 자연의 이치처럼 벼랑 끝이라 생각할 때도 그 순간을 이겨내면 반드시 봄은 온다는 믿음을 포기하지 않았다.

그리스 로마 신화에 따르면, 제우스가 판도라에게 상자를 주며 절대로 열지 말라고 했는데, 판도라는 호기심을 이기지 못하고 상자를 열고 만다. 고통과 절망 등이 나와서 놀란 판도라는 서둘러 상자를 닫지만, 이미 대부분의 재앙은 세상 밖으로 흘러 나간 후였다. 그러나 상자 안에는 아직 희망 하나가 남아있었다고 하지 않는가. 나를 버텨내게 한 건 바로 그 희망의 상자였다.

아침을 연다

고요를 깨우며 문을 두드리는
창가에 머문 햇살 한줄기
어제의 무게는
커피 향 따라 퍼지는 따스함에
천천히 녹아내린다

간밤의 꿈과 함께 어제는 지나갔고
다른 하루 오늘은 열린다
늘 이른 새벽에 희망은 숨겨져 있어
손을 조용히 내밀어 본다

빛을 따라 한걸음 또 한걸음
새로운 아침을 열며
나는 다시 오늘을 시작한다

나에게 쓴 편지

눈부신 아침부터 별이 빛나는 밤까지
쉼 없이 걸어온 너에게 편지를 쓴다

때로는 웃고 때로는 울었던 순간들
그 모든 순간들이 너를
더 단단하게 만들었고
지금의 너를 만든 거야

내일도 지금처럼 너 자신을 믿고
네가 원하는 길을
옳다고 믿는 길을
천천히 나아가길 바라

언제나 너를 응원하고 항상 네 편인
나 자신으로부터
사랑을 듬뿍 담아서
너에게 편지를 띄운다

오늘 하루도 참 수고했어
이렇게 너에게 위로해 주고 싶다

겨울나무

봄, 여름 푸르름 자랑하던 잎새들
가을 맞아 곱게 물 드리워진
단풍잎으로 떨어져 사라지고

뼈대만 남은 앙상한 가지들 안고
차가운 겨울바람 맞으며
추위에 움츠리고 있는 겨울나무

우리 인생을 노래하는 듯하다
인생 희로애락을 지나며 돌아보니
모두가 한낮의 허무한 꿈인 것을

그러나 봄을 기다리는 앙상한 가지
저 속 깊은 곳에는 새싹이 움트고 있으리
우리 맘속에 희망이 싹트는 겨울나무처럼

세월의 흔적

거울 속 내 얼굴을 보아도
어디선가 본 듯한 낯선 모습

웃음과 눈물이 스쳐 간 자리
이룬 것과 놓친 것의 무게
모두가 흔적이 되어 살아 숨 쉬는
나를 이루는 조각이 된다

그 흔적 속에서 나는 배운다
시간은 결코 아쉬움이 아니며
흔적은 내가 지나온 길을
찬란히 비추는 들불임을

세월의 흔적은 사라지지 않는다
그저 더 깊이 더 고요히
웃었던 순간들이 살아 숨 쉬며
우리 마음에 새겨질 뿐이다

시간이 그려준 주름마다
삶의 이야기가 고스란히 배어 있다

내 인생에 봄

긴 겨울 같았던 날들 속에
꽃 한 송이 피어나지 않을 줄 알았다

하지만 어느 날
차갑게 얼어붙은 마음엔
잊고 지냈던 따스한 햇볕
내 안에 숨어 있던 봄이 깨어났다

겨울을 건너온 나의 길 위에
어느새 연둣빛 숨결이 스민다
겨울을 견딘 땅은 더 단단히
조용히 싹을 틔우며 봄을 맞는다

내 인생에도 찾아온 봄
이제는 알겠다
겨울은 지나는 계절일 뿐
봄은 언제나 나를 기다리고 있었음을

힘들고 어렵게 아픔을 딛는다
마음 한편을 꽃길이 감싸안는다

바뀐 세상

너무나 바뀌어버린 현실 속에서
적응하며 살려하니 힘이든 세상

세상이 어찌하다 이렇게 변했을까?
한방에 옹기종기 부대끼며 살았을 땐
따스한 사랑의 정 가슴속에 흘렀는데

물질이 풍요로운 세상이고
하나둘 자식 두어 풍족한 삶인데도
따스한 정은 보이지를 않는구나

결혼도 아니 한 체 독신이 늘어나고
혼인한다 한들 출산도 꺼리니
이러다 국가소멸론 현실 될까 두렵다

백 불의 국민소득 빈곤 시절에는
개천에 용 난다며 희망도 꿈꿨는데
사만 불 십 대 선진국 바라볼 게 무어더냐

초근목피 연명하던 그 시절이 그리운 건
실종된 정에 대한 굶주림인가 보다

바람 소리

마치 오래된 편지를 여는 듯
멀리서 나를 부른다

밤의 정적 속에
귓가에 스치는 바람 소리가
낮은 속삭임으로
내 마음을 흔든다

나무 사이를 지나면서
나뭇잎을 간지럽히고
창문 틈새로 스며들며
은밀히 속삭이는 이야기

불어오는 바람 속
멈추지 않는 흐름 속에
멀리서 들려오는
바람의 노래에 마음을 달랜다

내 마음 깊은 곳까지
그 바람이 스며들어 오늘을 흔든다

노을에 비친 희망

붉게 물든 하늘 끝자락에
희망이 살포시 내려앉는다

저문 하루의 끝 지친 마음을 위로하듯
노을빛이 따스히 감싸안는다
희미하게 퍼져가는 빛 사이로
내일의 꿈이 반짝인다

잠시 멈추어 소망을 되새기는 순간
희망은 조용히 속삭인다
노을 져 어둠이 다가올지라도
이 빛은 사라지지 않으리

하루의 끝 노을에 비친 희망은
새로운 시작을 향해 날아오른다

인생의 선물

매일 아침 눈을 뜨면
포장지에 싸인 하루가
내 앞에 놓여있다

언제나 새로운 하루
날마다 다른
이것이 인생의 선물이다

이 선물을 받아 들고
감사하는 마음으로
오늘의 포장지를 풀어본다.

그 속에는 소소한 기쁨도
작은 아쉬움도
때로는 눈물도 담겨있다

이 모든 게 모여지니
나만의 이야기가 되고
나의 인생이 된다

내가 사랑하는 사람들

내가 사랑하는 사람들
그들은 내 삶에 보물들이다

그들의 웃음은 나의 행복이고
그들의 눈빛은 나의 안식처이다
사랑하는 사람들 그들이 있어서
나는 행복한 삶을 살아왔고 살아간다

그 누구도 대신할 수 없는 내 삶에서
한순간의 만남조차 소중한 순간순간들
함께한 행복했던 아름다운 순간들은
이 세상에 내생이 다하는 그날까지

마음속에 영원히 간직하고 나 떠나는 날
행복의 미소 머금고 떠나가리라

제2부

아직도 우리 곁에는

아직도 우리 곁에는

 우리나라가 세계 10위 선진국에 진입하였고 국민소득 4만 불 시대에 이르렀다고 자평을 하고 있다. 그런데도 가끔 생활고로 한 가족이 비극적으로 세상을 등지는 사건들을 접할 때면 가슴이 아프다.
 내가 겪었던 유년기 시절이 너무나 한이 맺힌 탓인지, 나는 살아오면서 유독 청소년들에 관한 관심이 컸었고 봉사 활동도 청소년과 관련된 일들을 많이 하였다. 오래전 내가 청소년 동 지도육성회장직을 맡게 되면서다. 우리 단체에서는 회비를 모아 관내 학생들 중 가정 형편이 어려운 학생들에게 형식적으로 일 년에 한 번씩 장학금을 전달해 오고 있었다. 그것을 장학생 선발 과정에서부터 정말 어려운 형편에 있는 학생들에게 도움이 되도록 자금 마련책을 강구 해보게 되었다. 여러 가지 대안 중 책자를 만들고 거기에 동네 상가 광고를 실어 상가에는 도움을, 주민들에겐 편리함을 주자는 취지에서 선도 책자를 발간하기에 이르렀다.
 우리의 뜻을 알고서 여러 독지가가 도움을 주시고 200여 상가 분들의 호응을 얻어 순조롭게 자금 마련은 할 수 있었다. 자금이 확보되자 인접해 있는 8개 중·고등학교에 부탁하여 100여 명 학생을 추천받았다. 그중에서 일차적으로 서류 심사를 거쳐 20명을 장학생으로 선발하였다. 그중 5명은 장기 장학생으로 선정하여 고등학교 졸업 때까지 연 2회씩 장학금을 지급하고 나머지 열다섯 명은 단기 장학생으로 선정해 연 1회씩만 지급하기로 하였다.

예전에는 장학생 선발을 통장이나 회원을 통하여 추천을 받다 보니 추천인들이 아는 사람들로 채워져 말썽이 생기기도 하였다. 그런 까닭에 학교에서 추천을 받아 서류 심사로 20명을 선정하기는 하였지만, 그중 장기 장학생 5명은 정확하게 선발해야 했다. 나와 파출소 소장, 어머니 회장, 총무 포함 4명이서 20명 학생 각 가정을 직접 방문해서 현장 실태조사를 하였다. 내가 회장을 하는 동안에는 확실하게 원칙을 세워놓고 싶었기 때문이다.

지금 같으면 인권침해니 뭐니 하여 가정 방문 자체가 어렵겠지만 당시에는 너무 어려운 처지에서 공부하는 학생들이 많은 탓에 실질적인 조사를 할 수가 있었다. 조사하면서 지금도 잊히지 않는 일이 있다. 당시 관악여상을 다니던 학생 집을 방문했을 때 상황이다. 아버지는 돌아가시고 엄마와 세 자매가 세들어 살고 있는데 개천가에 있는 무허가 다락방이었다. 사다리를 밟고 다락방엘 올라가니 연탄 냄새가 코를 찔렀다. 아이고머니나 세상에 아직도 우리 사회에 이렇게 사는 사람들이 있다는 게 놀라웠고 더욱 놀라게 했던 것은 그런 환경 속에서도 그 학생이 전교 2등을 한다는 사실이었다. 그렇게 열악한 환경에도 굴하지 않고 꿋꿋이 살아가면서 동생들을 보살피며 살아가는 그 학생이 정말 고맙고 안타까워 눈시울이 뜨거워졌었다.

그렇게 며칠 동안 돌아다니면서 장학생을 선발한 후 마을 회관에서 장학금을 주던 날이었다. 우리 회원들 그리고 학생들과 학부모들이 모인 자리에서 격려사를 하다가 앞자리에서 흐느껴 우는 학생의 엄마와 그 학생의 눈에서 반짝이는 눈물을 본 순간 말문이 꽉 막혀버려서 더 이상 말을 이어가지 못하고 결국 나도 터져 나오는 눈물을 감추질 못했던 일이 생각난다. 지금은 그 개천도 전부 덮여 넓은 도로로 바뀌었고 무허가촌으로 다닥다닥했던 작은 집들이 고층 아파트 숲으로 바뀌어 버렸다. 가끔 그 동네를 지날 때면 그 학생의 얼굴이 떠오른다. 지금쯤은 딸 셋과 어려운 삶을 살던 그 엄마도 효성스럽던 딸들의 효도를 받으면서 행복한 삶을 살아가고 있으리라 믿어 의심치 않는다. 어려움은 이겨내면 반드시 이겨낸 만큼의 복을 받게 된다는 인생의 진리를 믿기 때문이다.

아직도 우리 곁에는 가슴 아픈 사연들이 너무나 많다. 그러나 그걸 참고 이겨내면 아무리 긴 겨울의 끝에도 반드시 봄은 온다. 지금도 어려운 현실에 직면해 있는 젊은이들에게 미래를 믿고 이겨내면서 희망의 끈을 놓지 말고 살아가라고 꼭 얘기해주고 싶다.

삶의 방식

세상을 살아가는 많은 사람들
똑같은 사람은 하나도 없다

생김새도 성격도
생각도 다 다르다
모래알같이 많은 사람들
다들 다른 각자의 시각으로
세상을 살아간다

살아가는 삶의 방식도
지나온 과거도
펼쳐지는 오늘도
다가올 내일도 다 다르고
각기 다른 생각들로 살지만

퍼즐처럼 맞추어 가면서
살아가는 게 우리 인생이다

늦은 겨울 이른 봄

아직은 겨울이 머물러 있는데
성급한 비둘기들 봄 마중 왔나 보다

이른 봄 오후 공원 산책길
몸을 웅크린 채 한 곳에 둘러 모여
봄을 기다리는 비둘기 가족들

아직은 추위가 가시지 않아
추위에 움츠린 채 오후 햇살 즐기며
더디오는 봄을 기다린다

메말랐던 가지에 새하얀 목련이
꽃망울 준비 서두르고 있으니
봄의 서성거림이 들려오는 듯하다

웅크린 비둘기들 날개 활짝 펴고
날갯짓할 봄날이 기다려지는
공원의 어느 날 오후

머지않아 따스한 봄은 올 테니
우리 함께 기다리자 속삭여준다

겨울 지나면 봄

겨울이 지나면 봄이 오는 건
우리 인생에서 삶이고 진리이다

차갑게 얼어붙은 대지 위에
희망조차 움트지 않을 것 같던 겨울
바람은 날카롭고 하늘은 잿빛으로
마음을 닫게 했으나

그 속에서도 땅속 깊이
숨죽인 생명은 꿈틀거렸고
얼음 틈새로 스며든 햇살은
다시 온기를 불어넣었다

겨울이 끝난 자리
바람은 부드러워지고
꽃봉오리에 묵묵히 찾아오는 기적도
자연의 순리이고 이치다

우리는 알게 된다
겨울은 끝이 아니라 봄을 부르는 시작임을

희망으로 다가선 봄

겨울의 긴 터널을 지나
따스한 햇살이 내려앉는다
차가운 바람이 스치던 자리에도
두꺼운 얼음이 얼었던 자리에도

따스한 봄바람을 타고
어둠 속에서도 놓치지 않았던
꿈들이 깨어난다
마른 가지 끝에 피어나는 새싹처럼

봄은 늘 그렇게 희망을 안고
꽃망울을 터뜨리며
한 걸음씩 나아가면서
우리 곁을 찾아온다

봄이 부르는 소리

살며시 귓가를 간질이는
봄이 부르는 햇살 같은 속삭임

나뭇가지 끝에 맺힌 연둣빛 희망
향긋한 흙 내음에 실려 오는
푸른 새싹들의 첫인사
봄이 부르는 소리에 마음이 설렌다

걸음을 멈추고 귀 기울이면
꽃망울 속에서 피어나는 웃음소리
따스한 손길로 내 어깨를 두드리는
봄의 속삭임이 들려온다

겨우내 잠들었던 땅을 깨우는
봄의 노랫소리 여기저기서 들린다

봄을 따라온 개나리

따스한 햇살이 등을 두드리고
부드러운 바람이 손을 잡는
봄은 그렇게 우리 곁에 와 있었다

겨울 끝자락을 밀어내고
훈훈한 봄바람이 스치면

노란빛으로 희망을 띄우며
가장 먼저 손을 내미는 꽃

작은 종처럼 흔들리면서
활짝 핀 개나리가 속삭인다

여기 봄 따라 우리도 왔어요
햇살 속에 웃음이 번진다

개나리 꽃길 따라 걷다 보면
내 마음에도 봄이 물든다

희망을 꿈꾸며 사는 사람들

흐린 날에도 별을 찾아내고
어둠 속에서도 불을 밝히며
자신의 길을 걷는 사람들

추위 속에서도 꽃을 피우는 이들
오늘보다 더 나은 내일을
꿈꾸며 살아가는 사람들

꿈은 그들에게 날개를 주고
희망은 그들의 길을 비춘다
심한 바람에 흔들려도

결코 꺾이지 않는 마음으로
희망을 버리지 않는 사람들
그들이 세상을 아름답게 물들인다

삶의 흔적

잠시 다니러 나온 소풍 길에서
희로애락 속에서 살아내는 것

바람은 늘 지나가지만
그 향기는 마음에 남고
끝없이 펼쳐진 시간 속에서
우리의 삶은 흔적을 남긴다

하루하루가 반복되는 일상이라도
그 안엔 수많은 이야기가 담긴다
이별과 슬픔, 웃음과 눈물
그 모든 것이 우리 삶을 채워나간다

삶은 마치 한 권의 책처럼
한 장 한 장 넘길 때마다 새로움이 깃든다
그 길이 때론 험난하고 때론 평탄해도
삶의 의미는 살아가는 것 그 자체에 있다

어제와 오늘 그리고 다가올 내일
우리가 만들어가는 모든 순간이 삶이다

아낌없이 주는 나무

등 굽은 허리 하고서 박스 줍는 할머니
사옥 신축과 함께 이어온 인연 30년

다 낡은 손수레를 끌고서 온 동네
골목길을 누비며 박스를 줍는다

회사에서 박스 사용이 많아
버려진 것들을 모아 두었다
항상 그 할머니에게 드리곤 했었다

당시만 해도 50대 중반
이젠 구순을 바라보는 나이

어렵게 한 푼 두 푼 돈을 모아서
반백수인 아들에게 전해주면서도

항상 흐뭇해하시는 할머니를 바라보며
아낌없이 주는 나무 같은
어머니의 자식 사랑을 생각해 본다

결실의 계절

가을바람이 스쳐 지나고
황금빛 벌판이 물결처럼 일렁인다

따스한 햇볕은 물결 위에 멈추어
오곡백과를 익히기 위해 한낮을 달구고
땀방울로 물든 땅 위에
기다림의 결실이 무르익는다

수확을 기다리는 농부들의 얼굴에
환희의 미소가 번져 흐르고
노을에 물든 들판은 고요하게
하루의 끝자락에서 풍경을 보여준다

삶의 모든 순간도 이처럼 아름답게
결실을 볼 수 있음을 이야기해 준다

제3부

사모곡

사모곡

 세월에 씻어내고 바람에 흩어 보내 보아도, 가슴 깊숙이 새겨진 아픔은 사라지지 않았다. 그 시절의 기억은 아리랑 선율처럼 여전히 내 마음속에서 울려온다.
 딸만 셋을 두신 할아버지께서는 대를 이을 아들을 얻고자, 마을에서 2km 떨어진 산중턱 고목나무 앞에 매일같이 정화수를 떠놓고 비가 오나 눈이 오나 하루도 거르지 않고 3년을 기도하셨다. 그 정성이 하늘에 닿았던지, 마흔여섯의 노산으로 귀한 독자 아들이 태어났으니 그분이 바로 나의 아버지였다.
 할아버지와 할머니는 귀한 아들을 애지중지 키우셨다. 그러나 지나친 과잉보호 속에서, 일본 유학을 준비하며 창씨개명까지 마쳤던 아버지는 열여섯의 어린 나이에 유학 대신 혼인으로 삶의 길이 바뀌었다. 열여덟의 어머니는 얼굴조차 알지 못한 채 부모의 뜻에 따라 배필이 되셨고, 그날부터 고난의 길이 시작되었다.

꿈을 접은 아버지의 한은 평생을 풍운아로 살아가게 했다. 유학을 다녀온 친구들이 국회의원, 변호사, 해무청장, 문사 국장 등 출세의 길을 걷는 모습을 지켜보며, 아버지는 처지를 한탄하시며 방황을 거듭하셨다. 결국 물려받은 재산을 모두 잃으시고, 어머니께는 깊은 한을, 자식들에게는 가난과 고통만 남기신 채, 무더운 여름날 마흔일곱의 젊은 나이로 세상을 떠나셨다.

아버지를 보내신 후, 어머니는 청상과부로 30년을 삼형제를 키우며 눈물과 한숨 속에 세월을 견디셨다.

어머니께서 칠십칠 세에 우리 곁을 떠나셨을 때, 우리는 이제야 좀 편히 사시겠구나 했던 바람이 무너졌다. 모진 가난 속에서도 굳세게 살아내셨던 분이지만, 사실은 고독과 외로움이 무엇보다 힘드셨음을 그때는 알지 못했다. 이제 내 나이가 그 시절 어머니의 나이가 되어 후회와 그리움이 밀려온다. 우리는 가난을 대물림하지 않겠다는 각오로 살아왔지만, 그 과정에서 어머니의 외로움을 외면한 채 바쁘다는 핑계로 곁을 지켜드리지 못했다.

내가 자주 아이들과 직원들에게 들려주던 이야기가 있다.

어느 노모에게 아들이 둘 있었는데, 큰아들은 넉넉했고 작은아들은 단칸방에서 어렵게 살았다.

큰아들 집에서 편히 지낼 수 있었음에도, 어머니는 늘 작은아들 집에서 주무시곤 했다. 큰아들이 그 이유를 묻자, 어머니는 빙그레 웃으며 말씀하셨다.

 "큰애야, 나는 너희가 늘 자랑스럽고 고맙단다. 여기서는 편히 지낼 수 있지만, 혼자 방을 지키다 보면 외롭구나. 그러나 작은아들 집에 가면 비록 비좁아도 밤이면 아들이 내 등을 긁어주고, 손주들이 내 품에 안겨 자는 모습을 볼 수 있단다. 그래서 외롭지 않구나."

 나는 이 이야기를 늘 전하면서도, 정작 내 어머니의 외로움은 헤아려 드리지 못했다. 언젠가 어머니를 모시고 안양 동생 집에 가던 날, 어머니께서 "요즘은 세상 사는 재미가 없다."라고 하셨을 때, 나는 무심코 "세상사가 다 거기서 거기 아니겠습니까. 우리도 이제 잘 잘살지만, 아직도 가난과 병마에 시달리는 사람들이 많습니다. 어머니는 친구분들과 어울리며 즐겁게 지내세요. 용돈은 충분히 드릴 테니 걱정하지 마세요."라고 말씀드렸다. 어머니는 조용히 듣기만 하셨다. 지금 돌이켜보면, 그때 어머니의 마음은 서운함으로 얼룩져 있었을 것이다.

 어머니가 갑자기 우리 곁을 떠나신 날, 나는 회사 업무로 결혼식에도 참석하지 못했다. 형수님

의 "어머니께서 쓰러지셔서 건국대 병원 응급실로 가는 중이다."라는 다급한 전화를 받았을 때, 눈앞이 캄캄해지면서 머릿속이 하얗게 되어버린 것 같았다. 회사에서 병원까지 한 시간 동안 어떻게 차를 몰고 갔었는지 모르겠다. 병원에 도착하니 이미 흰 천에 덮여 계신 어머니 곁에서 오열하고 계시는 형님과 형수님… 잠드시듯 누워계시는 어머님의 싸늘하게 식어버린 얼굴에 뺨을 비비면서 숨이 막혀버릴 것만 같았다. "어머니 이제라도 등 긁어 드리고, 모시고 여행도 다니고 싶습니다. 그러나 이제는 아무리 불러도 대답 없는 하늘나라에 계시니 땅을 치며 후회한들 무슨 소용이 있겠습니까." 이제는 그저 우리가 열심히 살아가는 모습을 하늘에서 지켜봐 주시고, 아버지와 함께하지 못했던 삶을 하늘나라에서는 함께 하시며 편히 계시길 바랄 뿐이다.

 백 세 시대라 하지만, 황혼의 외로움과 고독은 옛날의 가난보다 더 쓰라리다. 나 또한 그 나이에 이르러서야 그것을 깊이 깨닫는다. 그러나 동시에 깨닫는다. 부모의 빈자리는 결코 사라지지 않으며, 그리움은 세월을 넘어 사랑의 다른 이름이 된다는 것을. 오늘도 문득 어머니의 부르심이 들리는 듯하다. 그 목소리에 답하듯, 나는 남은 날들을 어머니의 빈자리를 채우는 기도로 살아가고 싶다.

가슴속에 아리랑

심장 깊숙이 새겨진 아픔을
세월에 씻겨내고 바람에 날려본다

초근목피 견뎌내며
보릿고개 넘던 시절
초롱초롱 눈망울로
쳐다보는 자식들에게
희멀건 보릿가루 죽
한 국자씩 퍼주시며
옷고름에 눈물 훔치던
어머니의 슬픈 영상
수십 년 세월 흘러
천지개벽 이루었건만

암울했던 그 세월은 기억 속에 머물면서
아리랑 노래되어 가슴속을 울려온다

꿈에 본 어머니

어머니 꿈속에서 뵈었어요
그리운 모습 그대로
따스한 미소로 나를 감싸안는 순간
모든 슬픔이 사라졌어요

어머니 손을 잡고 걸었어요
어린 시절의 골목길 따라
고향집 대문 앞에 이르렀는데
자명종 소리에 꿈에서 깼어요

꿈에서 깨어나도 남아있는
어머니의 따스한 눈빛이 떠올라요
말 없어도 알 수 있는 당신의 깊은 사랑
늘 함께 해주셨던 그 따스함이

유년기 고향집

유년기를 보내던 고향집엔
물맛 좋은 우물과 배나무 두 그루가 있었다

마당이 넓은 집이어서 설날 밤이면
불을 피워놓고 온 마을 사람들이 모두 모여
풍악 놀이 즐기며 흥겨워하던 모습들을
할아버지 무릎에 앉아 틈새로 바라보던
어렴풋한 기억들이 영상으로 떠오른다

본채와 행랑채가 있었는데
행랑채 뒤편 배나무에선
꿀맛 같은 참배가 주렁주렁 열렸다
지금도 눈을 감고 회상해 보면
그 맛을 생각하면 잊히지 않는다

주렁주렁 열려 종이로 싸매둔 큰 배들은
언제나 추석 명절 차례상에 올려졌고
여름철이면 시원한 우물물 퍼 올려
등목 하며 깔깔대던 유년기 시절

지금도 필름 되어 눈앞을 스쳐 간다

해당화 피던 고향

바다 내음 가득한 해당화 피던 고향
앞마당에 흐드러지게 피던 꽃

어린 시절 뛰어놀던 앞마당에
해당화 꽃잎 사이로 번지던 웃음
고향의 그리운 풍경이
주마등처럼 스쳐 간다

모든 게 아름답던 그때 그 시절
지금도 가슴속에 피어오른다
멀리 떠나온 시간 속에서
고향은 늘 나를 부르는 이름

피고 지는 해당화처럼
다시 찾고 싶은 내 삶의 뿌리
세월이 흐르고 멀어진 기억들
돌아갈 수 없는 그곳을 떠올리며

오늘도 나는 그리움 가득 안고
가슴속에 해당화를 꽃피운다

그리움의 바다

손에 닿지 않는 그리운 날들이
시리고 아프게 나를 부르고

아득한 저 멀리 기억의 너머에
그리움의 물결이 인다
파도가 가슴을 치고
잊힌 얼굴들이 주마등처럼 다가온다

멀어져 희미해진 기억 속에서
마음속 깊이 스며든 그리움
그리움은 더 깊어져
마음의 해변을 끊임없이 잠식한다

건널 수 없는 그리움의 바다
나는 오늘도 그곳을 서성인다

고향 바다

갈매기 울음소리 흩날리던
그 시절 꿈들은 어디 흘러갔을까

푸른빛이 넘실대는 내 고향 바다
햇살은 금빛으로 윤슬이 반짝이고
파도는 속삭이며 바닷가에 안긴다

아이들의 웃음소리 파도에 번지고
저 멀리 수평선은 한 아름 꿈을 품고 있는
끝없는 우리들의 이야기를 담고 있다

마음속 바다에 물결이 일렁이고
따스하고 눈부신 우리들의 마음을
고향 바다는 오래도록 되새기며 기억한다

나는 언제나 그 바다에 기대어
한 줌의 고향을 가슴에 안는다.

꿈속의 연가

바스락 나뭇잎 소리 임의 발걸음 소리인가
창문 열고 바라보니 나뭇잎 소리
저 멀리 바라보는 밤하늘 끝엔

외로이 반짝이는 샛별 하나가
기다리는 내 마음을 알았는지
애를 태우며 눈물을 머금는다

이른 아침 까치 소리에 눈을 떠보니
파란 하늘 저 멀리서 흰 구름 흐른다
저 구름에 얹혀 내 임 온다면

버선발마다 않고 뛰쳐나가서
오는 임 두 손 잡고 마중할 수 있으련만
희미해져만 가는 꿈속의 연가인가

가는 세월

가는 세월은 기다림 없어
지나온 길 조용히 뒤돌아본다

잡으려 할수록 달리는 세월
손끝을 스치며 지나가는 바람처럼
어제는 여기에 멈추었는데
오늘은 어느새 저만치를 달린다

봄이면 꽃잎으로 스며들고
여름엔 뜨거운 태양으로
가을엔 낙엽이 되어 떨어지고
겨울엔 하얀 눈으로 장식한다

가는 세월이 남긴 흔적들
비록 돌아갈 수 없어도
그렇게 흘러가는 흐름 속에서
오늘도 하루가 저물어 간다

그리운 마음 하나쯤 품고
오늘을 남기며 살아간다

세월

세월은 강물처럼 흐르고
바람처럼 스치며 지나간다

세월은 슬픔과 기쁨을 품고
우리의 흔적을 덧칠하며
오늘의 삶이 내일의 추억이라며
멈추지 말고 살아가라 속삭인다

봄날의 따스한 햇살도
여름날의 뜨거운 열정도
가을의 낙엽처럼 세월 속에 스러지고
겨울의 적막 속에 세월이 흐른다

잡으려 하면 더욱 멀어지고
놓으려 하면 가슴 한구석에 머문다

건너가는 밤

어둠이 창밖에 나래를 펴면
고요가 창가에 내려앉으며

낮의 번잡함은 자취를 감추고
별빛은 잔물결처럼 번진다
별빛이 수놓은 하늘 아래
어둠마저 서서히 잠이 든다

깊어가는 어둠 속에서
어둠을 따라가는 나의 마음도
밤이 주는 고요한 위로 속에
차분히 이 밤을 마주한다

모든 것은 적막 속에 둘러싸이고
이 순간 시간이 멈춘 듯
오직 나와 밤만이 남아
조용히 서로를 마주 본다

서로의 숨소리를 들으며
조용히 밤을 건너간다

제4부

작은 별이 된 제니

✱ 사랑하는 우리딸 "제니"야
지난 15년동안 우리고명딸로 함께해준 세월
너무 행복했다.
그곳에서는 아프지 말고 우리 다시 만나 자.

착한 우리딸 제니에게
2025 년 3월 20일
엄마, 아빠가.

작은 별이 된 제니

 어젯밤에는 희미하던 별자리였는데 오늘 밤 가장 빛나는 별 하나 그곳에 그가 있을까. 살랑이는 봄바람 속에 목소리가 들릴듯하고 깊어가는 밤 까만 그의 눈이 떠오른다. 무엇엔가 회자해 보지 않을 수 없는 이 허전함은 무엇인가. 그를 보내고 절망적인 상황에서 한 발짝만 가까이 접근해 보아도 나는 생명의 생별 앞에서 인간이 얼마나 무력하고 초라한 존재인지를 재확인하게 된다.

 흔히 주변에서 못된 사람을 보면 개만도 못한 인간이라고 말한다. 수없이 많은 동물 중에 못된 사람을 왜 하필이면 개한테 비유하는 걸까. 그건 아마도 개가 사람과 가장 가까이 지내는 친숙한 동물이기 때문이지 않을까. 그러나 그건 개를 모르는 사람들의 잘못된 비유이고 편견이 아닐까 싶다. 어렸을 적 나는 개를 너무 무서워하여 근처를 지나가지도 못했다. 하지만 중국에서 15년 동안 공장을 하면서는 독일산 사냥개 종인 도베르만 한 쌍을 키웠고, 새끼를 열 마리, 열네 마리씩 두 차

레나 받아 내며 손수 탯줄을 가위로 자른 적이 있다. 한국에서 예방주사를 얼음팩과 함께 공수해 가서 예방을 시키고, 첫 번째 열 마리와 두 번째 열네 마리를 한 마리도 낙오 없이 잘 키워서 친한 지인들에게 전부 나누어 주었다.

 그러다 보니 너무 힘이 들어 더는 새끼를 갖게 해서는 안 되겠다 싶어 어미인 셸리를 동물 병원에 데리고 가서 임신중절 수술을 시켰다. 아무리 가짜가 심한 중국이라지만 설마 하니 중절 수술마저 가짜일 줄 꿈에도 상상하지 못했는데 덜컥 세 번째 임신을 하고 말았다. 동물 병원에 항의해 보아야 아무 소용이 없는 일이고 마지막 수단으로 수컷 해리를 셸리 곁에서 떼어놓는 방법밖엔 별도리가 없었다. 내가 직접 해리와 셸리를 차마 떼어 놓을 수가 없어서 외출하면서 회사 경비한테 농장을 하는 지인에게 해리를 데려다주도록 부탁을 한 후 오후 늦게야 회사 숙소로 돌아왔다.

 해리와 헤어진 셸리가 어찌하고 있나 싶어 "셸리야."하며 불렀더니 예전 같으면 내 발걸음 소리에도 뛰어나왔을 텐데 나를 외면하고 우리 한쪽에 고개를 숙인 채 마주하지 않았다. 회사 식당 아주머니께 부탁하여 맛있게 고깃국을 가져다주는데도 쳐다보지도 않은 채 몇 끼니를 거르더니 그러길 사흘 만에 결국 유산하고 말았다. 이걸 보면서 이혼을 너무 쉽게 하는 우리 인간이 과연 개와 견주어 어떤 면이 나을까 생각해 보게 된다. 중국에서 셀리와의 인연은 코로나로 인하여 출국이 막히자 전화를 통하여 생산팀장이던 직원의 고향으로 보내지게 되면서 끝을 맺게 되었다.

서울로 돌아온 나는 집에서 기르던 조막만 한 요크셔테리어 순종인 제니와 함께 날마다 공원 산책을 하면서 5년을 지냈다. 제니는 2010년 3월 18일생으로 갈색조의 아주 예쁜 애견이다. 딸이 없어서 항상 부러워했던 우리에게 제니는 고명딸로 15년을 함께했다. 15년 동안 우리는 제니에게 사랑을, 제니는 우리에게 즐거움을 주면서 가족이 되어 보낸 세월은 참으로 행복했었다. 외출했다 돌아오면 제니는 작은 발자국 소리 내며 깡충깡충 뛰어와 반기면서 안겼고 따뜻한 눈빛과 살랑이는 꼬리로 우리 집의 웃음의 꽃이 되어주었다. 중국에 근무할 때 내가 입국하는 날이면 문 앞에서 기다리다 빙글빙글 돌면서 반겨주고 가지고 온 가방들 냄새를 맡으며 점검하기도 하였고, 내가 출국하려 가방을 싸면 짐작하고 시무룩해하며 내가 출국하는 날은 사료도 먹지 않는다고 하였다.

이제는 공장을 정리하고 서울로 돌아와서 날마다 보라매 공원길을 산책하며 평화롭고 즐거운 날만 지속되는가 싶었다. 그런데 제니가 열다섯 살 되던 올해 1월, 산책이 추웠던지 감기에 걸린 후 시름시름 앓기 시작하더니만 이곳저곳 병마가 찾아오기 시작하였다. 동네 병원에서 2차 병원으로 옮겨진 후 두 달 동안 병원을 오가며 입원도 시키고 정성껏 치료하여 보았지만, 노령으로 인해 오래 연명할 수 없다는 걸 직감하게 되었다. 그래도 올봄 철쭉이 필 때까지만 버텨보자 마음속으로 빌었건만 그러한 기적은 일어나지 않았다. 외출하여 일을 보고 있는데 아무래도 제니가 이상하다는 급한 아내의 연락을 받고 정신없이 택시를 타고 집에 들어섰었다. 아내 말이 아파서 누워있던 애가 집 안 구석구석을 돌아다니기에 "제니야 힘든데 그만 걸어." 하면서 지금 막 품에 안았다고 한다. 나를 기다렸던지 눈을 감지 못한 채 기지개를 크게 한번 켜고선 생일 이틀 지난 3월 20일 품에 안긴 채 무지개다리를 건너가고 말았다.

  혹시나 애가 떠날 걸 대비해 미리 연결해 놓았던 화장터에 연락하여 화장장에 도착하니 드넓은 공간에 셀 수 없이 많은 영정 사진과 추모글들이 사방 벽에 꽉 차 있었다. 아직도 식지 않는 제니의 따스한 체온을 느끼며 가슴에 안고 장례 절차를 거쳐 수의를 입힌 제니와 눈물로 마지막 인사를 나누었다. 40분간의 화염 속에서 한 줌의 재로 남겨진 유골함에 담아 온 제니의 유골을 꽃피던 봄날 제니와 즐겨 산책하던 철쭉꽃밭에 뿌려

주었다.

　제니의 향훈이 내 마음에 침윤되어 한 점 빛으로 남아있기를 바란다. 그리하여 나도 조그마한 빛의 둘레를 가지고 누군가의 가슴에 빛으로 남을 것 같다. 시나브로 흐르는 세월의 물줄기 가운데 그래도 잊히지 않을 아름다운 흔적으로 받아들인다. 밀려오는 그리움은 끝이 없지만 언젠가 하늘의 별이 되어 다시 만날 그날까지, "사랑하는 제니야, 하늘에서 편히 쉬어라."라고 하면서 나는 오늘도 제니와 거닐던 그 길을 걸어 본다.

열다섯 살 애견 제니

세월의 흐름을 유수라고 하더니만
세월은 우리를 어디로 데려가는가?

제니와 함께 걷는 공원 산책길
느릿한 발걸음에 보조 맞추며 걷는다
조막만 하던 너 입양한 게 엊그젠데
어느새 흘러버린 십오 년 지난 세월

제니야 너도 이제 황혼이 되었구나
어렸을 적 뛰어놀던 뒷동산 길에서
아카시아꽃 숲속 뜀박질하던 때가
눈감으면 향기와 함께 눈앞에 떠오른다

산천은 그대로인데 황혼으로 변해버린
너와 나의 모습에 발걸음만 무겁구나

오월의 장미

장미를 꽃 피우려
오월의 바람은 장미를 깨운다

오월의 봄바람에 설레는 장미
그대 미소처럼 환하게 피어난다
오월 햇볕 따스하게 쏟아지고
피어나는 장미꽃 향기에 취한다

오월의 눈부신 장미꽃밭에서
장미꽃 송이마다 내 마음 담아서
파란 하늘 흘러가는 저 구름에
꽃향기와 함께 그대에게 전한다

장미는 향기로 마음을 적시고
오월은 그렇게 가슴에 물든다

오월의 향기

봄바람에 실려
꽃내음 물씬 풍기는 오월

뒷동산 꽃숲 산책길 걸어본다
아카시아 꽃향기는 봄의 숨결
마음을 설레게 하는
봄날의 감미로움을 전해온다

내 마음을 사로잡는
사랑에 잠기게 하고
꽃잎 사이로 비추는 봄 햇살은
사랑의 따뜻함을 보여준다

봄날 그윽하게 퍼지는 너의 향기가
나를 오월의 봄에 취하게 한다

유월의 장미

담장 아래 따사한 햇살
화사하게 피어있는 붉은 꽃잎

찬란한 빛이 눈을 밝히고
바람에 실려 퍼지는 은은한 향기
유월의 장미들이 강렬한
아름다움으로 다가서며 손짓한다

너의 향기는 햇볕이 사라지고
밤이 찾아와도 오래도록
말없이 가슴을 적시고
내 마음속 깊이 새기고 있다

붉은 입술처럼 수줍은 그 미소
바람결에 살며시 번져온다

견우와 직녀

창문 너머에서 두 손 꼭 잡고서
눈물 글썽이던 너에게 하고픈 말 있었는데

말 못 하고 흘러간 세월 속에
견우직녀 되어 살아온 세상
너는 천상에서 나는 지상에서
세월의 흐름에 밀려 따라왔는데

견우직녀 만나는 올 칠석날에는
꿈속에서라도 너를 만나서
진정으로 너를 사랑했노라고
예전에 못 했던 말 꼭 해야겠다.

하늘에 흘러가는 구름 보면서
구름 타고 훨훨 날아가고 싶었고
깊어가는 밤이면 네가 그리워
눈물짓는다고도 말해야겠다

세월이 흘러 흘러 이만큼 왔는데도
가슴속에 옹이 되어 눈물짓게 하는구나

가을밤의 꿈

나무에 걸린 달이
내 마음을 알아줄까
물먹은 저 샛별이
내 마음을 알아줄까

가을밤 들려오는 풀벌레 소리
바람에 실려 오는 그리움 노래
이 한밤 지새고 나면
사라질 저 달별들

휘영청 둥근달이
밤하늘에 떠오르면
지난날 너와 나의
꿈속의 추억들이

사랑의 노래되어 들리어온다
내 마음 울리고 간 사랑의 노래
가을밤 울리고 갈
사랑의 노래들은

가을밤의 꿈인가
기억 저편의 꿈인가

사랑이란?

사랑이란?
보고 있어도 보고 싶고
바람이 되어 등을 밀어주고
때로는 여름날 나무가 되어
그늘을 내어주고 싶은 마음

사랑이란?
햇살처럼 스며드는 따뜻함
비처럼 가만히 적시는 그리움
멀리 있어도 가깝고
가까이 있어도 애틋한 마음

사랑이란?
바라보는 눈빛만으로도
서로의 마음속 깊은 곳에
작은 빛 하나 심어 두고
끝없이 믿고 지켜보는 것

꿈과 희망

어두운 밤하늘에
반짝이는 별 하나
그건 내가 품은 작은 꿈이었다

비바람 몰아쳐도
지워지지 않는 마음속 불빛
그건 나를 걷게 한 희망이었고

넘어지고 또 일어나
눈물 속에서도 웃으며
나는 오늘도 그 별을 향해간다

꿈은 멀리 있지만
희망은 내 곁을 지켜줘
그래서 나는 포기하지 않는다

보내는 마음

보낸다는 건
손끝에 맺힌 미련을 떼어
바람에 실어 보내는 일
잡았던 손의 온기를
기억으로 묶어 두는 일

떠나는 너의 뒷모습에
내 마음 한 조각을 얹어
가볍게 보내려 애써 보지만
흩어지는 발자국 소리에
자꾸만 무거워지는 내 숨결

보낸다는 건
비워내는 동시에 채우는 것
비어가는 자리엔
아름다웠던 순간들이 차오르고
너를 향한 바람이
멀리서도 닿기를 기도하는 일

하늘나라 별이 된 제니

오늘 밤 가장 밝게 빛나는 별 하나
어젯밤에는 희미하던 별자리였는데
그곳에 네가 있을까?

깊어가는 밤
살랑이는 봄바람 속에
너의 목소리가 들릴 듯하고
까만 너의 눈이 떠오른다

너는 비록 먼 길을 떠났어도
여전히 우리 곁에, 추억 속에, 마음속에
환한 별빛으로 남아 있구나

사랑하는 제니야
밀려오는 그리움은 끝이 없지만
언젠가 우리 다시 만날 그날까지
하늘에서 편히 쉬거라

제5부

어부 생활

어부 생활

 열아홉 살 되던 해 가을이었다. 가족을 돌보던 형님이 입대하게 되면서, 어쩔 수 없이 눈물겹던 광주 생활을 접고 고향으로 돌아왔다. 형님 대신 어머님과 동생을 보살피며 살아가자니, 어촌이 고향인 나는 자연스레 멸치잡이와 고기잡이를 하는 어부가 될 수밖에 없었다.

 멸치잡이는 지분을 벌어 갚겠다는 조건으로 양도를 받아 밤이면 멸치잡이를 하고, 낮에는 먼바다로 나가 주낙이라는 방식으로 고기를 잡았다. 마을 앞 가까운 해안에서 하는 멸치잡이는 힘들어도 견딜 수 있었지만, 먼바다로 나가는 고기잡이는 타고난 심한 멀미 탓에 거의 죽을 맛이었다. 고기잡이는 네 명이 한 팀을 이루어야 하는데, 나처럼 멀미가 심한 사람은 팀원이 되기 어려웠다. 하지만 당숙뻘 되는 마음씨 좋은 오촌님과 한마을에 살던 매부 덕분에 나는 한 배의 구성원이 되어 고기잡이를 나설 수 있었다. 밤늦도록 멸치잡이를 하고, 새벽 일찍 고기잡이를 나선다. 다행히 바람이 조금 불면 돛을 올리고 쉽게 바다로 나갈 수 있지만, 잔잔한 날에는 두 사람씩 교대로 노를 저어 먼바다까지 나가야 했다. 당시 고기잡이배는 겨우 1톤 남짓한 조각배였고, 동력선은 상상도 할 수 없었다. 지금 생각하면 그 작은 배로 제주도가 보이는 먼바다까지 나가 고기잡이를 했다는 것이 믿기지 않지만, 그때는 그것이 현실이자 삶의 밑천이었다.

섬 생활을 하다 보면 날씨나 물 조류를 기상청 예보 못지않게 잘 알게 된다. 짧은 어부 생활이었지만, 고향에서 익힌 조류 지식을 바탕으로 서울에 살면서도 음력 물때를 헤아리며 소래포구로 생선을 사러 가곤 한다. 조석 간만의 차가 큰 사리 조류 때 잡힌 물고기나 게는 살이 제대로 차 있지 않지만, 간만의 차가 심하지 않은 조금 살 조류에서 잡힌 어류는 살이 통통히 올라와 있다. 그래서 어부들은 물살이 센 사리 때는 바다에 나가지 않고, 조금 살 때 고기잡이를 나간다.

어촌 생활을 해보지 않으면 사리와 조금을 구분하기 어렵지만, 어부들은 음력에 따라 사리와 조금을 구분할 줄 안다. 음력 15일경 보름과 30일경 그믐 주기는 가장 물살이 세고 조석 간만의 차가 심한 시기다. 이때는 바다에서 사고가 날 위험이 크다. 실제로 유명한 사라호 태풍도 사리 기간인 추석 보름에 발생하여 큰 피해를 남겼다. 태풍이 사리 기간에 발생하면 그 위력이 훨씬 커진다.

 어부로 주낙 고기잡이를 하던 어느 날, 정말 죽을 뻔한 사건이 있었다. 주낙은 먼바다에서 멸치를 끼운 낚싯줄을 1~2km까지 바닷속 깊이 내려놓고, 조류에 맞춰 줄을 걷어 올리며 고기를 잡는 방식이다. 그날도 낚싯줄을 걷기 시작한 지 얼마 안 되어 동편 하늘에 먹구름이 몰려오고 파도가 일기 시작했다. 오촌님은 다급한 목소리로 "주낙줄을 끊고 표식 망을 남겨두고 빨리 돌아가야 한다!"라고 외쳤다.

 그렇게 시작된 파도와의 네 시간 사투는 정말 무서웠다. 두 사람씩 교대로 노를 저어야 했지만, 나는 멀미 때문에 꼼짝도 못 하고 조각배 바닥에 뒹굴고 있었다. 배 안으로 넘실대는 바닷물을 뱃전을 움켜잡은 가슴으로 막아야 했지만, 나는 몸을 가누지 못했다. 오촌님과 매부는 내 모습을 안쓰럽게 바라보면서도 불평 한마디 없이 살기 위해 죽을힘을 다해 노를 저었다.

 한 사람은 물을 퍼내며 노를 저으면서도 계속 욕을 내뱉었다. "멀미가 심한 사람이 왜 팀에 들어와 다른 사람에게 피해를 주느냐."는 것이다. 정말 미안하고 면목이 없었지만, 멀미 때문에 어쩔 수 없었다. 그렇게 사투를 벌인 지 네 시간이 지나자, 드디어 보길도 서쪽 끝이 보인다는 환호성이 들렸다. 섬 주변까지 오자 파도는 잦아들고, 비로소 살았다는 안도의 숨을 쉴 수 있었다. 마을 앞바다에 들어서니 등불을 들고 발을 동동 구르며 기다리는 가족들이 있었다. 모두 살아 돌아올 수 있었던 것은 조상님의 은혜 덕분이라 여겨진다.

  주낙에서는 낚싯줄을 모두 늘어뜨려 놓고, 조류가 반대로 흐르는 틈을 이용해 점심을 먹는다. 힘든 고기잡이 중에도 맛있게 먹어야 하지만, 나는 비린내 때문에 도시락을 거의 먹지 못했다. 몸은 점점 지쳐갔다. 2년간의 짧은 어부 생활 동안 나는 많은 고생을 했지만, 지금은 모두 고인이 되신 오촌님과 매부의 따스한 정과 넓은 마음은 지금도 내 가슴속에 남아 있다.

  누군가 말했다. "상대를 알려면 한 배를 타보라. 화투를 같이 치면 그 사람의 성격이 드러난다." 황혼이 된 지금, 그 아픈 기억들은 여전히 또렷이 살아 있다. 하지만 그 기억들이 내 힘의 근원이 되었음을 나는 안다. 젊어서 고생은 황금보다 값지다는 말을 떠올리며, 돌이켜보면 너무나도 아픈 기억이지만, 동시에 내 삶의 일부이자 소중한 자산임을 느낀다.

슬픔과 희망의 춤

어두운 밤 깊은 침묵 속에서
잃어버린 시간들 지나간 꿈들이
가슴속에 차가운 그림자를 드리운다

슬픔과 희망은 서로 다른 얼굴을 한
한 쌍의 춤추는 동반자
삶이라는 무대 위에서 춤을 춘다

슬픔은 때론 바다처럼 깊고
모든 걸 삼킬 듯 다가오지만
그 바다 위 조각배처럼 희망은 흔들린다.

어둠 속에서도 빛을 찾는
그 희망의 불씨가 꺼지지 않기를
슬픔 속에서도 웃음을 잃지 않는
용기가 우리를 앞으로 나아가게 한다

고향 바닷가

어머님 품속처럼 깊고 포근한
잔잔한 고향 바다에 내 마음 머문다

파도 소리 들리는 고향 바닷가
끝없이 펼쳐진 푸른 수평선
하늘과 바다가 맞닿은 곳
그 고향 바다에 숨겨진 이야기들

햇살에 반짝이는 잔물결 윤슬
그 위에 춤추는 빛의 조각들
그 끝없는 이야기 속에
작은 행복들이 그 속에 담긴다

고향 바닷가의 고요한 밤
별빛 아래서 속삭이는 파도
그리움과 꿈이 함께 어우러져
마음속 깊이 평화가 스며든다

그리운 남쪽 고향

내가 살던 고향은 머나먼 남쪽 바다
눈 감으면 떠오르는 그리운 고향

달빛 아래 윤슬이 물결 위에 반짝이고
밤하늘에 별들이 별꽃밭 이루던
동백꽃 해당화 곱게 피던 곳

봄이면 남쪽에서 남풍이 불어오고
강남 간 제비들이 다시 돌아와
처마 밑에 둥지 틀고 지저귀던 곳

지나가는 여객선에서 들려오던
이미자의 섬마을 선생님 노래에
열아홉 섬 처녀들 가슴을 태우던 곳

세월은 멀리 흘러 발자취만 남았지만
돛단배 위에 갈매기 울음소리
아직도 귓전에서 맴돕니다

따스한 바람이 불어오면
내 마음 먼저 고향길을 달립니다

내 고향 바다 그곳

푸른 물결이 훈풍에 은사를 이루고
달빛에 윤슬이 빛나던 고향 바다

무더위 여름이면 물속으로 뛰어들고
겨울이면 호호 손 불며 김 채취하러 나간다
봄, 가을이면 고기 잡으러
순풍에 돛 달고 달려가던 바다

떠나온 지 오랜 세월 지났건만
내 마음은 여전히 그 바다에 머물러
그 푸른 바다가 그리울 때면
가만히 눈을 감고 그곳을 찾아간다

해 질 녘 붉게 물든 수평선
파도는 조용히 속삭이며 오랜 세월
나의 이야기를 들어주었고
나의 소망들을 물결 위에 띄웠다.

소금 내음 가득히 갯내음 나던 곳
내 고향 바다는 늘 거기에 있었다

바닷가 추억

먼 옛날 고향에서 부르던 노래
가만히 불러본다 그리움 노래

바다가 불러주던 자장가 소리
눈감고 그려보는 고향 바닷가
거기서 뛰어놀던 추억 속에서
아름답던 순간들을 떠올려본다.

푸른 파도 밀려오는 고향 바닷가
아무리 애를 쓰며 잊으려 해도
가슴속에 담겨있는 그리운 추억
그 순간 그날들을 어이 잊으리

흰 꽃잎처럼 부서지던 파도소리
푸른 기억이 다시 출렁인다

낙조

붉은빛 물결 속에
노을이 스며든 하늘 끝
숨죽인 저녁
고요히 물드는 산과 들

하루의 마지막 숨을 고른다
저 멀리 파도에 실린
여운에 잠긴 해
낙조의 품에서 평화가 깃든다

어둠이 다가오고
별빛이 반짝이는 밤하늘 아래
마음에 품은 낙조의 잔향은
하루를 마무리한다

여름밤에 빛나는 별

바람에 흔들리는 가로수 잎새들이
한여름 밤 더위를 식혀준다

깊어가는 여름밤 고요함 속에
하늘은 푸른 물결로 가득하고
은하수는 다정하게 속삭이며
별들은 빛나는 눈인사를 나눈다

따뜻한 바람은 살며시 불어
잎사귀들은 춤추고 희미한 별빛은
마음을 어루만지며 내려앉을 때
우리는 꿈을 싣고 희망을 노래한다

영원히 닿지 않을 듯한 별들 사이로
빛나는 길을 만들어 가면서
이 여름밤의 별빛은 환희를 남기고
내일의 새로운 날을 소리 없이 약속한다

한여름 밤의 꿈

목청껏 울어대는 매미 합창에
한여름 밤은 깊어만 간다

달빛이 창에 비치는 한여름 밤
별들은 하늘에서 반짝이며
서로에게 다정한 눈길을 보내고
손에 닿지 않는 먼 곳이지만
그 별들 사이로 길을 만들어 간다

매미 소리와 함께 어우러져
아름다운 추억을 되살리며
꿈속의 이야기를 펼쳐 나간다
행복한 미소 가득한 얼굴로
마음속 깊은 곳에 꿈을 새기며

고요함 속에 피어나는 달맞이꽃처럼
한여름 밤의 꿈을 꾸어본다

석양빛

서쪽 하늘 곱게 물들인 태양이
기상대 끝 탑 위에 걸터앉는다

오늘 하루를 조용히 접으려
잠자리를 찾아 서산으로 숨는 해
하루의 끝 석양의 시간

오늘 일과를 끝낸 사람들도
지친 몸과 마음을 추스르며
가족의 품을 찾아 퇴근길을 나선다

널따란 공원 숲속엔 어둠이 내리고
잔디밭에 새들도 둥지를 찾고
산 너머로 지는 빛이 미소를 보낸다

조용히 황금빛은 하루를 마감하며
그 빛 속에 담긴 따스함이
내일의 희망을 속삭인다

이렇게 조용한 하루가 저물고
나도 오늘 하루를 가슴에 접는다

별빛 따라 걷는다

어둠이 사방에 나래를 펴면
하늘엔 조용히 별들이 핀다
누군가의 기도처럼
소망 하나씩 눈부시게 매달린다

나는 길을 잃지 않으려
별빛을 따라 걷는다
희미하지만 선명한 빛
어둠 속에서 방향을 잡아준다

바람은 말없이 등을 밀어주고
달은 먼 길을 묵묵히 밝힌다
이 길 끝에 무엇이 있든

다소는 불편하고 조금은 어둡지만
희망을 한 아름 가슴에 안고
별빛 따라 걷는 이 길이 행복하다

제6부

돼지꿈

돼지꿈

 나는 가끔 돼지꿈을 꾼다. 흔히 돼지꿈을 꾸면 행운이라 하여 복권을 산다지만, 나에게 돼지꿈은 늘 가슴 아프고 목이 메는 꿈이다. 꿈속의 돼지는 토실토실 살이 찐 돼지 모습이 아니라 항상 배가 홀쭉한 여윈 돼지들이다. 강산이 여섯 번이나 변한 지금까지도, 내 꿈에 그 모습으로 나타나는 건 그만큼 내 가슴에 한이 깊이 맺혀 있기 때문일 것이다.
 20대 총각 시절, 형님과 동생은 일찍이 서울로 나갔고 나는 어머니와 함께 고향에서 살던 때다. 1960년대 후반, 가난과 어둠이 짙던 시절이었다. 새벽이면 마을 스피커에서 "새벽종이 울렸네, 새 아침이 밝았네."라고 새마을 운동 노래가 울려 퍼지던 박정희 대통령 시절, 4H 활동에 한창 열을 올리던 나는 군청에서 시행한 지도자 교육을 받으러 갔다. 선진지 시범 농가 견학을 하는 과정에서 양돈하면서 거기서 발생하는 메탄가스를 연료로 활용하는 걸 보고 나도 저걸 꼭 해보리라 마음먹었다. 집에 돌아와 손수 벽돌을 찍어 닭장과 돼지우리를 만들고, 거기에 병아리 스무 마리와 암퇘지 새끼 한 마리를 사다 놓았다. 당시 농사보다는 어업에 많은 의존을 하는 고향 실정이었고 거기다 논밭 하나 없는 형편에 사료 구하기는 쉽지 않았다.

농촌지도소에서 판매하는 사료를 구매하여 거기에 풀을 썰어 섞어 먹이며 정성을 쏟자 병아리는 닭이 되어 알을 낳기 시작했고, 돼지는 새끼를 밴 채 배가 불러왔다. 하루가 다르게 불러오는 돼지 배를 바라볼 때의 행복은 지금도 잊히지 않는다. 드디어 삼 개월이 지나 새끼를 낳기 며칠 전부터 우리 안에 새 보릿짚을 깔아주고 우리에 들어가 돼지와 친숙 해져야 했다. 처음 새끼를 낳기 때문에 우리에 들어가 분만을 도울 때 놀라면 안 되어서 우리에서 며칠째 살다시피 했었다. 해가 지고 어둑해지자 어미가 새끼 낳을 준비를 했다. 당시엔 전기가 없던 시절이라 남포등을 켜고 우리 안에 서 깨끗한 가마니 위에 어미돼지를 눕히고 머큐로크롬, 가위, 실 등을 준비한 후 새끼가 나오면 받을 준비를 완료해 놓고 기다렸다.

출산을 기다리는데 끙끙대던 어미한테서 마침내 첫 새끼가 자궁에서 **빠져나오자** 얼른 받아 탯줄을 자르고 소독했다. 이어 두 마리, 세 마리… 총 열 마리의 새끼가 세상에 나왔다. 작은 배 속에서 열 생명을 품었던 어미의 고통과 생명의 경이로움이 눈앞에 펼쳐졌다. 열 마리를 끝으로 마지막 태반이 쏟아졌다. 그냥 놔두면 어미가 태반을 먹게 되는데 자칫하면 새끼도 먹게 되는 경우가 있다. 그래서 태반을 그릇에 담아 밖에서 대기하고 계시던 어머니께 어미돼지 모르게 밖으로 내보냈다.

새끼들은 항상 처음에 물린 젖을 찾기 때문에 어미의 자궁문을 열고 나온 가장 빈약한 새끼부터 젖이 잘 나오는 앞쪽부터 순서대로 젖을 물려주었다. 분만 후 어미는 축 늘어진 몸으로 새끼들에게 젖을 주면서도 녀석들이 깔리지 않도록 몸을 조심스레 움직였다. 말 못 하는 짐승이지만 그 모정의 위대함 앞에서 숙연해졌다. 어머니에게 준비한 미역국과 보리밥을 큰 그릇에 가득 담아 오게 하여 출산하느라 고생한 어미에게 배불리 먹게 해 주었다. 이렇게 낳은 열 마리 새끼들이 무럭무럭 자라는 걸 바라보며 가슴 뿌듯해하면서 정성스레 키웠다. 그러나 기쁨은 오래가지 않았다. 갑작스러운 돼지 수출 중단으로 값이 폭락하면서, 나는 장에 나가 새끼 일곱 마리를 헐값에 팔아야 했다. 남은 네 마리도 사룟값이 버거워 늘 굶주리기 일쑤였다. 돼지들이 홀쭉한 배를 내밀며 꿀꿀댈 때마다 가슴이 미어졌다. 일 년 후까지 지속하는 돼짓값 폭락으로 결국 양돈을 시작해 보려던 작은 꿈과 메탄가스를 사용해 보려던 시도도 허무하게 끝나버렸다. 지금은 먼 옛날 동화책 속에 얘기처럼 기억도 어슴푸레 해져버린 일들인데도 한 번씩 꿈속에까지 나타나는 돼지들은 왜 그렇게 힘들고 어려웠던 그 기억 속에서 헤어나지 못하고 있는지 모르겠다.

서울로 이사 온 뒤 올림픽 이후에 급변했지만, 그 기억은 여전히 한이 되어 남았었다. 둔촌동이 산으로 있을 때 많이 있던 양계장을 찾아다니며 다시 시도해 보려 했으나 뜻을 이루지 못했다. 대신 수출회사에 입사해 8년 회사 생활을 끝내고 창업을 하게 되면서 수출업으로 40년 세월을 보내다 보니 어느새 황혼에 이르렀다. 그래도 마음속에는 여전히 그 시절의 여윈 돼지들이 남아 있다. 다시 젊어진다면, 꼭 돼지를 길러 실컷 배불리 먹여주고도 싶다.

지금은 주위에서 나를 보면 걱정 없고 부러울 것 없는 사람이라 말한다. 하지만 때때로 암울했던 그 기억들이 떠오르는 건, 내 인생에서 그 시절이 가장 큰 시련이자 지울 수 없는 아픔으로 남았기 때문일 것이다.

희망을 꿈꾸며 심는 사람들

세차게 불어오는 바람 앞에도
희망의 등불 꺼지지 않고
작은 손길들이 서로의 등을 토닥인다

깊은 밤 별이 사라져도
사람들은 하늘을 올려다보며
빛이 올 거라 믿으며 어둠에서도 길을 낸다

그들의 눈에는 내일이 있다
지금은 보이지 않아도
반드시 밝아질 아침을 안고 산다

벽돌 틈 사이에서 민들레 꽃 피우듯
절망의 순간에도 굴하지 않고
희망을 꿈꾸며 심는 사람들

잃어버린 시간들

한 줌의 바람에 흩날리듯
내 손가락 사이로 빠져나간 시간들

손끝을 스치며 지나간 바람처럼
잡으려 해도 잡히지 않는 순간들
어느새 흩어져 버린 추억 속에서
나는 무얼 찾고 있는 걸까

되돌리고 싶은 날들이 있어도
시간은 멈추지 않고 흐르고
남겨진 지나간 흔적들만이
조용히 나를 바라다본다

그러나 잃어버린 시간 속에서도
우리는 느끼고 배우며 살아간다
흘러간 모든 순간이 모여
또 다른 내일을 만들어간다

사라져 간 시간들이 내 안에서 숨 쉬며
오늘을 지탱하는 뿌리가 되었다

봄날은 간다

훈풍이 부는 어느 봄날에
떠나는 여객선에 몸을 싣는다

멀어지는 여객선 하염없이 바라보며
옷고름 날리며 손 흔들던
고운 임 그 모습이 아른거린다

옥색 한복 곱게 입고 부둣가에서
아쉬운 이별에 옷고름에 눈물짓던
아련한 그 모습에 봄날은 간다

새하얀 꽃잎이 물에 떠서 흘러간다
진달래 개나리 활짝 피던 봄
봄날도 바람결에 흘러가더라

봄바람에 흩날리는 연분홍빛 꽃잎들에
가는 봄 서러워도 봄날은 간다

고향 풍경화

달빛에 반짝이며 빛나던 윤슬
그렇게 아름다운 줄을
예전엔 미처 몰랐습니다

여름날 밤하늘에
수놓았던 은하수들도
한 폭의 그림인 줄 몰랐습니다

갯가에 부딪히던 파도 소리도
갈매기 날갯짓에 울음소리도
겨울날 흰 눈 속에 붉은 동백도

고향의 아름다운 풍경화인걸
세월이 지난 후에
이제는 알겠습니다

호수에 빠진 달

고요한 밤의 적막 속에
달빛이 강물 위에 내려앉는다

하늘의 품을 떠난 달은
흐르는 물결에 몸을 맡기고
잔잔한 물결 속에
자신을 다시금 비춰본다

깊은 강물 속 어둠만 가득한데
달빛은 그 안에 빛을 심는다
강물 위에 피어난 은빛 꽃
그 꽃은 강물 따라 흘러간다

흐름에 몸을 맡긴 달빛은
그러나 결코 사라지지 않으며
어둠 속에서도 바람 속에서도
강물 위에 아름답게 피어난다

은빛 물결 따라 춤을 추고
세상은 잔잔히 잠이 든다

꿈속을 달린다

어둠이 고요히 나래를 펴는 밤
구름에 가려진 달 모습이 보인다

구름 사이 밤하늘에
별들이 반짝인다
하늘을 수놓은 빛의 파편들 사이로
내 마음속 꿈이 조용히 피어난다

가보지 못한 길 위를 걷고
만나지 못한 사람과 웃고
닿지 못한 하늘을 날아오르며
세상은 나의 것이 된다

눈을 뜨면 사라질 듯 아련하지만
가슴속 깊이 새겨지는 소망의 불씨
꿈은 그렇게 나를 앞서가며
내일로 나를 이끌어준다

구름이 걷히고 맑아진 하늘이면
휘영청 보름달은 세상을 밝히리

가을 드라마

파란 도화지 같은 맑은 하늘을
공원 벤치에 앉아 올려다본다

가을을 눈에 가득 담고 있는데
갈색으로 곱게 물 드리운 단풍 잎새들
가을바람에 하늘거리다 낙엽 한 잎
공중에 원을 그리며 떨어진다

올여름 푸른 기상 펼치던 잎새들
자연의 이치 따라 갈색 낙엽 되어
바람에 흩날리고 발끝에 차이며
서럽게 떠나가는 가을에 동승한다

이 가을이 유난히 가슴에 남는 건
떠나가는 가을을 잡지 못한 아쉬움
인생의 종착역을 알 수도 없으면서
앞만 보고 질주하는 우리네 인생길

왠지 모르게 눈물이 핑 돌며
인생의 가을 드라마에 빠져든다

가는 가을 오는 겨울

자연의 섭리 따라 떠나는 가을
노란 잎은 바람 따라 춤을 추고
낙엽 위로 긴 그림자 드리운다
싸늘해진 갈바람에 스며드는 외로움

가을이 떠난 자리 찾아온 겨울
첫눈이 온 천지를 백설로 뒤덮고
차가운 겨울바람 두 뺨을 스친다
새롭게 시작되는 겨울 이야기

공원 잔디밭엔 여기저기 눈사람
추운 줄도 모르고 뛰어노는 아이들
어릴 적 눈밭에서 뒹굴던 기억에
마음은 고향마을 눈밭 위를 달린다

분신

환한 불빛 집안에선 존재감이 없어선지
문을 나선 산책길에 따라나선 나의 분신

시원해진 저녁때면 찾는 공원길
오늘도 따라오는 나의 그림자
환한 가로등이 켜진 공원 트랙 길
앞서거니 뒤서거니 하며 걷는다

앞에서 가로등 환하게 비쳐오면
슬며시 내 뒤로 꽁무니를 빼더니만
가로등 불이 등 뒤를 비출 때면
앞에 나타나서 나를 인도한다

나의 분신처럼 내 곁에 서서
앞서거니 뒤서거니 번갈아 가면서
함께 걷는 공원길이 너무 좋은지
오늘도 분신되어 나와 함께 걷는다

영원한 나의 분신 나의 그림자

까치 울음소리

이른 아침 깕깍 깕깍
두 마리 까치가 아침잠을 깨운다

반가운 손님이 오려나 보다
창문 밖에서 까치 한 쌍이
날갯짓하며 하루를 연다
공원 옆이라 자주 듣는 까치 소리

예전엔 아침에 까치가 울면
반가운 손님 온다. 좋아하던 길조인데
지금은 해를 끼친다고 멀리한다
그런데도 마음속에 길조는 까치이다

깍 깍 울어대는 까마귀 소리보다
까치의 울음소리는 정겨운 소리이다

제7부

순덕이

순덕이

 8년 동안 무역회사에서 근무하다 사직서를 제출하고 나온 뒤, 다섯 명의 직원으로 시작한 조그마한 오퍼상이 어느덧 40년의 세월을 지나게 되었다. 그 시절을 떠올리면 늘 마음 한편이 뿌듯하면서도, 동시에 지난날의 치열했던 시간이 파노라마처럼 스쳐 간다.

 회사를 설립한 지 반년쯤 되었을 무렵, 고향 친구에게서 전화가 걸려 왔다. 내용은 간단했지만 나로서는 결코 거절할 수 없는 부탁이었다. 올봄에 딸아이가 고등학교를 졸업하는데, 자네 회사에서 잠시 일하게 해 주거나 적당한 곳에 취직시켜 달라는 것이었다. 어릴 적 가장 친한 친구였고, 시골에서 함께 자라며 서로 의지했던 사이였기에 마음속에서 "아니오."라는 대답은 나오지 않았다. 나는 곧바로 "좋다, 내가 잠시 데리고 있겠다. 다른 좋은 직장이 생길 때까지 시골 티를 벗게 해 주겠다."라고 약속했고, 그리하여 친구의 딸아이가 회사로 올라왔다.

그 아이의 이름이 순덕이였다. 오래전 외딴 섬마을에서 태어나, 그곳에서 초등학교와 중학교를 마치고 두 개 면이 합쳐진 종합 고등학교를 졸업했지만, 도회지라는 곳을 한 번도 경험해 보지 못한 순수한 시골 소녀였다. 나는 직원들에게 순덕이를 소개하며 잘 보살펴 줄 것을 부탁했고, 순덕이에게는 "회사 막내이니 선배들 말을 잘 듣고, 모르는 건 꼭 물어보면서 열심히 해 보라."라고 일러주었다.

하지만 입사한 지 며칠 지나지 않아 순덕이에게 뜻밖의 별명이 붙게 되었다. 우리가 외국으로 수출하는 회사였기 때문에 당시 바이어와의 교신은 거의 텔렉스로 이루어졌다. FAX가 개발되기 전, 텔렉스는 전신타자기를 공중 네트워크로 연결하여 문자, 숫자, 기호 등 전기 부호로 메시지를 주고받는 방식이었다. 사용 요금은 글자 수대로 청구되므로, 바이어와의 교신은 약어와 간단한 문장으로 최소한의 뜻만 전달하던 시기였다.

그러다 FAX가 도입되면서 상황은 크게 달라졌다. 이제 우리는 손수 디자인한 도면과 그림을 바로 바이어에게 보내고, 상세한 설명서를 함께 전달할 수 있었다. 당시로서는 마치 시각장애인에게 처음 빛을 보여주는 신비로움과도 같았다. 그런 변화의 시기에 순덕이가 회사에 들어온 것이다. FAX를 처음 접하는 순덕이에게 이것이 낯설고 당황스러운 일임은 당연했다.

 어느 날, 회사 FAX 번호를 묻는 거래처에서 전화가 걸려 왔다. 순덕이가 전화를 받았는데, 순덕이의 반응은 순박하기 그지없었다.
 "네, 여기가 삼성쥬얼리입니다. 뭣이라고요? 아니요, 우리 회사에 택시는 없고요… 자가용은 두 대 있는데, 번호는 제가 모릅니다."
 옆에서 통화를 듣던 직원이 황급히 전화를 받아 바로 정정해 주었고, 그때부터 순덕이는 '택시'라는 별명을 얻게 되었다. 사소하지만 순덕이의 순진하고 솔직한 모습이 그대로 드러난 사건이었다.

 이제 순덕이는 세련된 서울 아줌마가 되어 아들딸을 낳고 잘살고 있다. 그녀를 볼 때면, 문득 그때의 기억들이 떠오르며 미소 짓게 된다. 또한, 그렇게 순둥이였던 아이가 어느덧 머리가 희끗희끗한 50대 중반이 되었다는 사실은 세월의 흐름과 인생의 무상함을 실감하게 한다.
 순덕이와 함께한 그 시절, 그리고 그 기억 속 작은 사건들은 내 삶에 잔잔한 행복과 따뜻한 회상을 남긴 소중한 순간이었다.

희망의 서울

한강 위로 아침 햇살이 번지고
희망의 발걸음은 내일을 향한다

거대한 한강이 유유히 흐르고
그 곁에 빽빽이 들어선 빌딩의 숲
휘황찬란한 불빛이 반짝이며
끝없는 이야기를 속삭인다

줄지어 이어지는 차량 행렬과
사람들의 발걸음이 얽히고설키며
차량과 인파가 휩싸인 거리에
서울의 야경이 빛을 발한다

어둠 속에서도 잠들지 않는 서울
새벽이 오면 다시 꿈틀거리는 거리
우리의 치열한 삶의 터전이고
끝없는 희망과 꿈을 키우는 곳

바람조차 빛에 취해
천천히 강 위를 흘러간다

사람과 사람 사이

사람과 사람 사이엔
보이지 않는 다리가 놓여있다

이해와 공감의 물길이 흐르고
혼자가 아닌 서로가 되어
나누는 기쁨과 슬픔 용서와 화해 속에
그 다리를 건너면서 함께 살아간다

서로의 마음을 잇는 다리엔
진실과 신뢰가 쌓여야 한다
때론 오해와 편견의 바람이 불어와
가끔 그 다리를 흔들기도 한다

사람과 사람 사이의 길은
걸어야만 이어지고 멈추면 사라진다
나는 당신 쪽으로 한 걸음
당신은 나 쪽으로 한 걸음

눈빛 하나 견고한 믿음 말 한마디가
우리의 삶을 더욱 빛나게도 한다

봄

햇살이 부드럽게 내려앉은 아침
삼라만상이 잠에서 깨어나면
얼었던 마음도 녹아내리고
땅 위에 새싹이 움튼다

봄은 소리 없이
바람결에 향기 싣고 와
나뭇가지 끝에 목련을 피우고
봄의 하루를 채운다

봄은 맑은 희망이 꽃처럼 빛날
우리의 이야기를 위한 계절
다시 시작할 수 있다는
약속이다

노란 민들레

순서 없이 피었던 갖가지 봄꽃 속에
화려함도 향기도 드러내지 못하고
들꽃으로 피어난 가녀린 노란 마음
작은 틈새 척박해도 그곳에 꿈을 펴네

바람 따라 날려진 하나둘 씨앗들이
몸 닿은 곳 어디든 희망을 심어놓고
한겨울 모진 추위 이겨 내고선
봄이면 꽃 피우는 노란 민들레

척박한 돌 틈바구니 비좁은 틈새에도
한적한 길가에도 꽃 피우던 민들레
어느새 홀씨 되어 바람에 흩날린다
이것이 인생이고 우리의 삶인 것을

너와 함께라면

너와 함께라면
가로수 길도 꽃길이 되고
비 오는 날도 햇살이 된다
흐릿한 하늘조차
너의 웃음에 맑아지니
세상은 너로 물들어간다

너와 함께라면
시간은 느리게 흐르고
순간들은 영원이 된다
작은 대화 속에서도
내 마음은 바라는 빛으로
환하게 채워진다

너와 걸어가는 길 위에서
나는 나를 다시 발견한다
어디든 집이 되고
어떤 순간도 축제가 된다
이 삶이 언제나
너와 함께라면

가는 봄 오는 여름

오월의 라일락이 흰 눈처럼 날리고
유월의 장미가 봉우리를 활짝 연다

세월이 빠른 건지 마음이 바쁜 건지
가는 세월 미련 버리지 못해 한숨이고
오는 세월은 답답한 하소연뿐이지만
모두가 자연의 이치이고 순리인걸

떠나는 봄 아쉬워서 몸부림이고
오는 여름 서두르며 봄을 밀어낸다
모두 자연의 순리 따르면 되는 것을
가는 봄 오는 여름 손 터치면 될 터인데

봄은 떠나기 싫어 발버둥이고
여름은 빨리 오겠다고 서두른다

버선발로 맞는 가을

한낮의 햇살 속에도
바람 끝이 가늘게 떨린다

여름의 끝자락에서
조용히 가을이 기다려진다
바람은 서늘한 숨을 내쉬고
물들지 않은 색이 서서히 번진다

매미 합창 소리 점점 멀어지고
풀벌레 울음소리 들려오기 시작한다
따갑던 햇볕은 그 빛을 줄이고
서늘한 바람이 살갗을 스친다

파란 하늘 흰 구름 조각조각 띄우고
기다림 속 가을이 슬그머니 다가선다
눈감고 다가오는 가을을 느끼며
새 가을 반기려 버선발로 나서본다

곧, 너의 발소리가
낙엽처럼 바람에 스칠 날을 기다리며

가을

바람이 낙엽을 만지며 지나가고
나뭇잎은 조용히 색을 만들어간다

황금빛 들판엔 추억이 익어가고
하늘은 깊어진 마음만큼 높아진다
한 송이 국화의 향기 속에
가을의 마음도 깊어진다

차분히 걸음을 옮기며
머물렀던 자리들을 돌아본다
빛나던 순간들 잊힌 흔적들
모두가 가을빛으로 물들어 간다

바람 속에 아련한 그리움이
지금까지의 나를 안아주고
내일의 나를 기다리게 하는
가을은 분명 그런 계절이다

낙엽이 바람에 흩날리며
조용히 시간의 결을 새긴다

바람 소리

창을 스치는 바람 소리
고요한 마음을 흔든다
알 수 없는 바람의 입김이
귓가에 속삭이듯 다가온다

바람에 나뭇잎 가볍게 떨리고
기억 하나가 바람에 실려 와
그리움을 흔들어 깨우며
눈물과 함께 가슴에 안긴다

스치는 바람은 말이 없지만
그 안에 많은 이야기를 담고 있다
들려오지 않는 음성 속에
내 마음도 바람과 함께 흔들린다

겨울

눈송이가 고요히 내려앉는다
세상은 하얗게 숨을 고르고
두 뺨을 스쳐 가는 차가운 바람이
겨울의 시작임을 알려준다

차가운 바람 속에서도
사람들은 서로의 온기를 나누고
흰 눈밭에 남겨진 발자국은
또 다른 시작을 약속한다

겨울은 침묵 속에서 말한다
모든 끝은 새로운 시작이라고
차가움 속에서 피어나는 따뜻함
겨울은 그렇게 우리에게 다가온다

제8부

가훈

가훈

"아빠, 우리 집 가훈이 뭐예요?"

초등학교 3학년이던 둘째가 책가방을 메고 집에 들어서면서 내게 던진 질문이었다. 선생님이 숙제로 자기 집 가훈을 적어 오라고 하셨단다. 그 순수한 눈망울과 진지한 물음을 마주하니 순간 당황했다. 평소에도 우리 집 가훈을 제대로 떠올려 본 적이 거의 없었기 때문이다.

하지만 잠시 머리를 스치며 떠오르는 기억 속에서, 아버지의 말씀이 떠올랐다. 내가 중학교 2학년 때, 47세라는 젊은 나이에 갑작스럽게 세상을 떠나신 아버지. 그분은 어릴 적부터 나에게 늘 말씀하시던 것이 있었다. 남자는 "항상 말보다 실천하는 사람이 되어야 한다." 말뿐이고 실천이 없는 사람은 잡초만 무성한 정원과 같다고, 할 말이 너무 많으면 정작 중요한 순간에 쓸 말이 부족하게 된다고, 그리고 한 번 입 밖으로 나온 말은 결코 주워 담을 수 없으니 항상 신중하게 말해야 한다고 강조하셨다.

그 말씀을 떠올리며, 나는 아버지의 가르침 속에서 자라왔음을 새삼 느꼈다.

초등학교 시절, 내 통신표에는 늘 "말없이 실천하는 착한 학생."이라는 꼬리표가 따라다녔다. 덕분인지 성인이 되어서도 말을 많이 하지 않는 습관이 몸에 배었다. 상대방이 나를 좋은 시각으로 바라볼 때는 묵직하고 듬직하게 보이지만, 때로는 다른 시선으로 거만하게 보이기도 한다는 것을 알게 되었다. 억지로 말을 많이 하려 노력해 보았지만, 세 살 적 버릇 여든까지 간다는 속담처럼 쉽게 바뀌지 않았다. 스피치 학원에 다녀볼까 고민도 해보았지만, 결국 나는 나답게 살아가기로 마음먹었다.

나는 또한 체질상 박카스만 마셔도 얼굴이 붉어지고, 술은 천성적으로 맞지 않으며, 담배는 아예 입에 댄 적이 없다. 어떤 사람들은 이를 보고 나를 진실한 기독교 신자로 오해하기도 하고, 술과 담배도 못하면서 사업을 어떻게 하느냐며 핀잔을 주기도 한다. 사실 그 말도 틀린 것은 아니다. 국내에서 사업을 했다면 어려움이 많았을지도 모른다. 그러나 다행히 나는 수출업을 하고, 거래처 대부분이 유럽인이라 술과 담배를 강권 받는 일이 거의 없었다. 처음부터 솔직하게 밝히면 상대방은 자연스럽게 존중해 주었다. 덕분에 술을 못 마셔도 40년 동안 사업을 이어올 수 있었다. 나는 이 경험을 통해, 우리나라 사람들의 술 권하는 문화를 조금은 배워야 한다고 느낀다.

사업에서 큰 어려움은 덜했지만, 사회생활에서는 가끔 곤혹스러운 순간이 있었다. 총각 시절, 선을 보러 처가를 갔을 때 일이다. 마을 청년들이 모여 술을 권했지만, 나는 여러 차례 거절해야 했다. 그러나 억지로 권하자 "좋다, 그러면 마시겠다." 하며 한 사발을 들이켠 후 그 자리에서 실신해 버렸다. 그 사건 이후로 소문이 나 아예 술을 권하는 사람이 없었지만, 술에 대한 스트레스는 여전히 남았다. 그래서 나는 두 아들에게 대학에 들어가면 반드시 술을 배워보라고 당부했다. 결국 둘째는 대학 신입생 환영회에서 억지로 술을 권유받아 응급실에 실려 가는 사건을 겪기도 했다.

그날 이후, 나는 가훈이라는 것이 단순히 문구에 그치는 것이 아니라 삶 속에서 실천되어야 하는 것임을 더욱 절실히 깨달았다. 아이들이 초등학교 시절, 선생님에게 "가훈이 뭐예요?"라고 물었을 때 나는 잠시 망설이다가, 아버지의 말씀을 떠올리며 "말보다 실천을."이라고 답했다. 그때 나는 마음속으로 결심했다. 우리 집의 가훈을 이 말로 정하고, 앞으로도 삶 속에서 지켜가리라. 아이들이 본래 조용한 성격을 타고난 탓도 있겠지만, 혹시라도 가훈 때문에 활발한 성격이 억제되지 않을까 걱정하기도 했다. 그러나 말만 앞세우고 실천하지 못하는 것보다는 "말보다 실천을."이라는 가훈이 훨씬 더 옳다는 믿음에는 변함이 없었다. 아이들이 그 가훈을 지켜가며 성장하는 모습을 바라보며, 부모로서 깊은 감사와 자부심을 느낀다.

  살다 보면 되돌릴 수 없는 순간들이 많다. 흘러가는 세월은 붙잡을 수 없고, 쏟아버린 물을 다시 담을 수 없으며, 날아간 화살은 결코 되돌릴 수 없다. 한 번 입 밖으로 나온 말도 주워 담을 수 없다. 그래서 말은 삶에서 가장 중요하며, 말만 앞세우기보다는 말보다 실천이 앞서는 삶이 얼마나 가치 있는지를 매 순간 깨닫게 된다. 삶의 진정한 가치는 말과 행동의 조화에서 나오며, 그것이 바로 우리 집 가훈이자 내가 아이들에게 전하고 싶은 삶의 지침이다.

  나는 지금도 하루를 돌아보며, "오늘 나는 말보다 실천했는가?"를 스스로 묻는다. 그리고 아이들에게도, 주변 사람들에게도, 말보다 실천하는 삶의 중요성을 전하려 애쓴다. 세상은 말보다 행동으로 평가되며, 우리의 선택과 결심은 실천을 통해 비로소 빛을 발한다는 사실을 나는 결코 잊지 않는다.

불사이군 (不事二君)

충신은 두 임금을 섬기지 않는다
목숨을 두려워하지 않는 충심이
오백 년이 지난 지금까지
우리 마음속에 담겨 온다

예나 지금이나 오로지 자신만의
안위를 지키며 영달을 꾀하는
자들이 많으면 국가의 운명은
항상 쇠락의 길을 걷게 된다

반정으로 왕권을 찬탈한
세조에게 반기를 들고
단종 복위를 위하여 초개와 같이
목숨을 던진 불사이군의 충신들

사육신 묘가 안치된 사육신 공원에서
성삼문, 박팽년, 이개, 하위지,
유성원, 유응부 여섯 충신의 이름
하나하나 부르며 새겨 본다

커피 한 잔에

따뜻한 커피 한 잔에 담긴 아침
그 속에 하루의 시작이 담긴다

햇살이 창가에 닿을 때
잔 속에 담기는 깊은 향기
한 모금 마시는 커피 한 잔에
쓰디쓴 인생의 맛도 잠시 달콤해진다

잔잔한 여운 속에서
혼자만의 생각들이 떠오른다
바쁜 세상 속 잠깐 멈추고
커피 한 잔의 여유로움을 가진다

나는 잠시 나를 만나서
작은 찻잔 속에 나를 담아본다

맞이하는 마음

맞이하는 마음은
겨울 끝에 봄을 품듯
익숙함을 넘어선 설렘으로
새로운 시작을 껴안는 일

문을 열며 찬 공기가
함께 들어와도
따스한 미소로 마중하는 일
낯선 바람 속에서도
새로운 향기를 느끼는 것

맞이한다는 건
비워둔 마음 한편에
기다림을 채우는 일
어제의 흔적을 닦아내고
오늘의 빛을 들이는 일

다가오는 발걸음이
익숙하지 않아도
그 발자국을 축복하며
나를 내어주는 용기

천사의 마을

비좁은 길을
상대편에게 먼저 내어주며 지나가고

상대방의 좋은 점을 칭찬해 주며
허물은 덮어주는 사람들이 사는
천사의 마을에 살고 싶다

길을 가다 주저앉은
노약자 손을 붙잡아주고
폐지 상자 가득 실은 손수레를

소리 없이 밀어주는
정겨운 사람들의 속삭임이 머무는
천사들이 머물고 있는 마을

어서 오세요
여기는 천사의 마을입니다

세상살이

옛말에 시집살이 참고 이겨내려면
귀머거리 삼 년 벙어리 삼 년
장님 삼 년으로 살라고 했지만
마음대로 안 되는 게 세상살이

황혼길에 들어서며 나에게 다짐한 말
세상일 관여하지 말고 모두 내려놓고
마음 편히 나를 위한 삶을 위해
곱게 익어가는 홍시처럼
살아가자고 하면서도

듣고도 못 들은 체 청각장애인으로
입이 있어도 말 못 하는 언어장애인으로
보이는데도 시각장애인처럼 사는 게
옳으냐고 묻고 싶다

인생은 소풍 길이어라

바람 한 줌 들고
햇살 한 줌 쥐고
푸른 풀밭에서 좋은 사람들 만나고
작은 꽃 하나에도 마음이 머문다

때로는 비가 내리고
소풍 바구니가 젖어도 괜찮다
한참 지나면 무지개가 피리라
저녁노을이 붉게 내려앉는다

도란도란 웃음소리 따라
한세월 걷다가 보면
한번 와서 머물다 가는 소풍 길
고운 길 그 이름 인생이라 부른다

황혼 일기

추억의 필름처럼
황혼의 고요함 속에서
지나온 날들이 하나둘 떠오르고
웃음과 눈물이 교차한다

젊음의 날들은 빛나는 별처럼
무수한 만남과 이별들이
반짝이며 지나갔지만
세월의 흐름 속에 새겨진
이마에 주름은

황혼의 빛 속에서 비로소
모든 것이 다 아름답게 느껴진다
황혼의 일기는 비록 덧없을지라도
후회하지도 서두르지도 않으리라

황혼길에서 이제 나는
마지막 여정을 천천히 채워가리라

무지개

비 온 뒤 피어난 일곱 색깔 약속하나
구름 사이 숨었던 햇살이 비추며
살며시 미소 짓고 건네는 다리

잡히지 않아 더 소중하며
사라지기에 더 선명하고 아름다운
우리 마음에 무지개 하나 피었으면

잠시 멈춰 선 그 길 위에서
사라지기 전의 영원함을 간직하려
일곱 색깔 무지개를 가슴에 담는다

가슴 한가득 무지개를 담고서
많은 날을 무지갯빛 꿈을 꾸며
일곱 색깔 그 빛에 희망도 심는다

백 세 시대

백 년을 살면서
봄을 백번 맞이한다는 것
꽃 피고 지는 삶의 순환 속에서
자신만의 향기를 찾는 일이다

주름은 세월의 시
하얗게 센 머리는 지혜의 문장
천천히 걸음을 옮겨도
남겨진 발자국은 깊다

백 세 시대라 불리는 현시대
이제는 오래 사는 것이 아닌
어떻게 살아 낼지를 묻는 시대
또 다른 시작일지 모른다

허울뿐인 백 세가 아닌
가치 있는 삶을 살아가는 법
백 세 시대의 길을 걷는 우리가
배우고 깨우쳐야 할 과제이다

스마트폰의 위력

지하철 탑승한 열 명 중 아홉 명은
스마트폰 삼매경에 빠져있다

스마트폰 안에 모든 세상이 존재한다
집에 돌아와서도 어른은 어른대로
아이들은 아이들대로 스마트폰이
손에서 떨어지지 않는다

아들 손주들과 함께한 명절에도
모두들 손에서 떠나지 않는 스마트폰
온 가족이 한자리에 모여서
옛날엔 얘기하며 즐겁던 명절이었는데

식구들의 전화번호마저도
얼른 떠오르지 않으니
스마트폰 위력은 대단하다
문명의 이기가 두려워지는 세상이다

IT 강국이 되어버린 우리나라
어디를 가도 그 척도가 실감 난다

제9부

삶의 응어리

삶의 응어리

 누군가의 말처럼 인생은 꽃길보다 돌길이 더 많기에 그 과정에서 사람에게 받은 상처, 세상에 부딪혀 생긴 흉터를 지닌 채 살아가느라 가슴에 멍이 들도록 아픈 삶을 살아온 사람들이 많다.

 내가 살던 고향은 80여 호에 인구 260명이 살던 작은 어촌 마을이었다. 그래서 마을 사람들은 형제지간을 제외하곤 동네 사람이면 아버지 연배이신 어른한테는 오촌님이라 불렀고 나이 차이에 따라 형님 동생으로 부르며 온 마을이 한집안 식구처럼 지냈다. 만일 동네에 애경사가 발생하면 마을 이장이 앰프를 통하여 ○○네 집이 상을 당하였으니 생업을 중지하고 참여해 주라고 마을 사람들에게 알리면 모든 생산을 멈추고 마을 사람들이 전부 모여 삼일장을 치르는 데 협조한다. △△이네 집에서 제사를 지내면 아침 일찍 방송하여 제사 지낸 술과 음식을 동네 사람들에게 대접한다. 또 혼례를 치를 때면 가마로 신랑 신부를

태워 오고 온 동네 사람들이 전부 모여 잔치를 치른다.

  물론 지금은 전복양식 등 모든 어업이 기계화되고 기업화되어 같은 아파트에 살면서도 이웃에 누가 사는지를 모르는 도시의 생활처럼 모든 생활이 도시화되어 버렸다. 그래서 콩 한 조각도 나누어 먹던 따스한 정이 흐르던 그 시절 그 고향이 지금도 사뭇 그리워진다. 내가 고향에 살면서 나이 22살 때부터 최연소 마을 이장을 2년 동안 맡아서 할 때 일이다. 어느 집에서 어르신이 운명하셨다는 전갈을 받고 곧바로 사무실로 나가 앰프를 통하여 마을 사람들에게 부음을 알리고 곧바로 상갓집으로 향했다.

  그곳에서 상주들과 마을 사람들이 함께 밤을 새우며 음식을 장만하고 장례 준비를 한다. 다음날 망자를 염을 마치고 삼베옷을 입히고 동전 세 닢을 노잣돈으로 넣어서 입관하게 되는데 양어깨에 시퍼런 멍이 심하게 들어 있는 걸 보게 되었다. 처음 그 광경을 목격한 나는 놀라서 마을 어르신에게 왜 저리 시퍼런 멍 자국이 있느냐고 물었다. 대답이 평소 지게를 너무 많이 져서 생긴 멍 자국이란다. 물론 그 시절에야 모든 짐을 지게로 운반하는 시절이었으니 얼마나 힘든 삶을 살았을까 생각하니 이해는 되면서도 일평생 그 지게의 무게에 시달렸을 그분을 생각하니 가슴이 아팠다.

　삼일장을 치렀기 때문에 다음 날 아침 동네 청년들이 상여를 메고 동네 앞 공터에서 노제를 지낸다. 평생을 살았던 마을과 동네 사람들과 이별을 고하고 미리 정해놓은 산소에 안장이 되었다. 이렇게 삼일장이 끝나면 한 인생이 끝을 맺고 천상에 오른다. 한 백 년도 살지 못한 생을 살면서 왜 그렇게들 힘들게 살아야 하고 또 아웅다웅하며 살아왔을까를 생각하면 한숨이 배어 나온다. 그나마 조금 위안으로 삼을 수 있었던 건 그분이 성실하고 열심히 살아온 까닭에 살림이 풍족하였다. 또한, 자손들도 다복하여 장사를 치르면서 소도 잡고 돼지도 몇 마리 잡아서 마을 사람들은 물론 타지에서 문상을 오신 분들에게도 후한 대접을 할 수 있었으니 좋은 이미지를 남기긴 하였다.

　그러나 그게 무슨 큰 의미가 있겠는가 싶다. 한 번 이승을 떠나면 다시는 돌아올 수 없는 길인 걸 우리는 느끼면서 살아가는가를 생각해 본다. 그 이후에도 돌아가신 분들의 마지막 모습을 여러 차례 지켜보게 되었다. 그런데 대다수분들의 남자 어르신들은 양어깨에 멍 자국이 남겨져 있었고 여인네들은 가슴에 어떤 이는 허리와 배 부분에도 멍 자국이 있는 걸 보게 되었다. 우리는 평소 가슴에 멍이 든다는 말을 흔히 하는데 실제 멍들어 있는 그 모습들을 보면서 응어리가 된 그 삶들이 얼마나 힘들고 한이 된 삶이었을지 가늠하게 되었다. 고향이 섬이라는 특수성 때문과 전쟁으로 인하여 그 시절 유독 사별 또는 이별 후 홀로 되신 여인네가 많았기 때문에 가슴에 한으로 남겨진 여인네들의 멍 자국은 사연을 가득 담고 있었다.

다행스럽게 나는 일찍이 스물아홉 살 되던 해 서울로 이사를 왔다. 그렇게 긴 세월을 살았던 건 아니지만 고향에서 겪었던 일들이 지금껏 가슴에 남겨져 생생하게 살아난다. 그 멍은 단순히 아픔만을 남긴 건 아니다. 멍이 든 자리에 세월의 무늬가 새겨지고, 상처가 굳어가는 동안 나는 조금 더 단단해졌다. 가난하고 힘들었던 고향 생활이었지만 지금도 가슴에 남겨진 건 따사로웠던 정도 함께였다는 것이다.

세월의 흔적

앞서 걷는 등이 굽은 할아버지
양어깨 축 늘어진 뒷모습에서
세월이 지나온 흔적이 보인다

창문에 비친 나를 바라본다
얼마나 많은 세월의 흐름이
얼마나 큰 삶의 무게가
이런 모습들로 바꾸어 놓았을까

잠시 소풍 나온 짧디짧은 우리 인생
보물찾기하며 살아온 세월이
뒤돌아보면 아스라이 멀기도 하지만
주마등 되어 스치며 지나간다

희로애락의 인생길
기쁨, 노여움, 슬픔과 즐거움 속에서
바라다본다. 인생에 남긴 세월의 흔적을

황혼의 독백

유수같이 흐르는 세월에 발 담그니
어느새 찾아온 황혼의 그림자

몇 해 전만 해도 할아버지 예명이
낯설고 어색해서 외면했는데
어느 세월에 여기까지 왔을까
할아버지 어르신이 자연스레 들린다

실감도 나지 않고 마음은 청춘인데
청운의 푸르름은 어디로 달아나고
어느 바람에 어느 세월이
황혼의 그림자를 안겨 오는가

지나버린 아름답던 그 세월이
잃어버린 보석처럼 아쉽고 그리운 건
황혼의 외로운 독백 이련가

곱게 물든 저녁노을

인생에 황혼이 오면
우리 발걸음은 어디를 향할까

서녘 하늘 끝자락에
곱게 물든 저녁노을
하루의 끝에 붉게 번지며
고요한 숨결로 물들인다

바람은 말을 아끼고
구름은 발걸음을 멈춘다
햇살이 마지막 인사처럼
그 빛은 마음까지 스며든다

오늘도 그렇게 하루가 저물고
붉은빛 한 줌 남기고
세상은 잠시 물든 채로
다정히 어둠을 맞이한다

그 어둠 끝에서 우리는 곱게 익어가는
홍시가 되려고 길을 나선다

관상

얼굴 위에 나타난 관상
그 표정에서 운명이 읽힌다

사람은 얼굴로 태어나지만
얼굴은 사람 속에서 자란다
마음이 그린 선과 곡선이
하루하루 관상을 만든다

그 표정 속에 담긴 세월의 흔적
그 얼굴 속에 숨겨진 이야기
눈웃음이 지어지면 꽃이 피고
미간이 찌푸리면 구름이 낀다

눈썹 끝에 매달린 희망과 두려움
귀 끝에서 들려오는 바람의 속삭임
사람은 얼굴로 세상을 마주하고
그 얼굴은 마음을 그려낸다

얼굴에 담긴 감정과 운명을
관상은 그 속의 진실로 표현한다

세월

세월은 강물처럼 흐르고
바람처럼 스치며 지나간다

세월은 슬픔과 기쁨을 품고
우리의 흔적을 덧칠하며
오늘의 삶이 내일의 추억이라며
멈추지 말고 살아가라 속삭인다

봄날의 따스한 햇살도
여름날의 뜨거운 열정도
가을의 낙엽처럼 세월 속에 스러지고
겨울의 적막 속에 세월이 흐른다

잡으려 하면 더욱 멀어지고
놓으려 하면 가슴 한구석에 머문다

하늘을 날고 싶은 새

날개를 펴지 못한 둥지 속
아기 새 한 마리

높은 나뭇가지 끝에서
하늘을 바라보며
아직 날 수 없지만 날고 싶은 마음은
이미 구름 위를 걷고 있다

날개는 없지만
바람을 따라 빛을 향해
가슴속에는 꿈과 희망을 안고
작은 떨림 하나로 세상을 향한다

언젠가 하늘이 문을 열면
떨리는 마음으로 떠오르리라
그때까지 꿈을 깃털처럼 키우며
하늘을 훨훨 날고 싶은 새

그날을 기다리며 아기 새는
푸른 하늘에 꿈을 그린다

화무십일홍

권불십년, 화무십일홍 불변의 진리인데
어이해 인간 속세 깨닫지를 못하는가?

오뉴월 아름답게 자태를 뽐내면서
장미꽃 만개하며 향기를 내뿜더니
붉은 잎 떨어져 십일홍이 되는구나

한 시절 만화방창 호시절 누리더니
과욕이 키 넘기니 물거품 되었구나
인생의 한여름 밤 꿈이런가 하노라

봄 지나 여름 오고 여름 후 가을이요
가을 후 겨울임은 자연의 진리이고
우리 인생사인 걸 지나서야 깨닫는다

서산에 지는 해인들 지고 싶어지겠는가
우주의 법칙 따라 순리를 따르는데
인간의 업보인가 순리를 거역한다

시위 떠난 화살 되돌릴 수 없듯이
때늦은 후회는 아무 소용없는 것을

가깝고도 먼 사이

사람과 사람 사이
가장 가까우면서도 먼 사이

눈빛 하나의 강물이 흐르고
말 한마디의 다리가 놓이고
서로를 건너려 할 때마다
조심스레 말을 꺼내어
작은 배 하나 띄운다

때론 침묵이 바람이 되어
등을 밀어 주기도 하지만
오해가 바위처럼 길을 막기도 한다
하지만 진심은 언젠가
가장 먼 마음에도 닿는다는 걸
우리는 알게 된다

그렇게 가장 가깝고도 먼 사이를 오가며
삶을 살아가는 게 우리 인생이다

오월이 가면

오월이 가면
꽃잎은 지고
우리의 봄날도
조용히 저문다

오월이 가면
화려한 꽃잎 떨어져
강물 위에 몸을 날리고
떠나는 봄에 동승한다

하지만 오월이 가고
꽃잎 떨어진다 해도
마음 한편 어딘가에
올봄은 남아 있으리

버려진 고추장 두 병

시골에서 시어머니가 보내주신
보기만 해도 먹음직스러운
고추장 두 병
신세대 며느리가 쓰레기장에 버렸단다

자식을 위해
고추 빻고 죽을 쑤어 정성 기울여
흐뭇해하며 보냈을 텐데
병뚜껑도 따지 않은 채 버려진
고추장이 벌겋게 얼굴을 붉힌다

옛날과는 달라져 버린
식성 때문에 빚어진 참상이다

그렇다고 노모의 정성을
어떻게 헌신짝처럼 버릴까?
씁쓸한 마음을 저버릴 수 없어
고추장 병만 물끄러미 바라본다

제10부

백두산 여행에서

백두산 여행에서

친구 부부와 함께 백두산 여행을 가려고 네 사람이 인천공항에서 중국 장춘행 비행기에 올랐다. 지금은 백두산으로 가는 직항 노선이 연길까지 신설되어 편리해졌지만, 당시에는 중국 장춘이나 심양에서 1박을 하고 연길행 비행기를 타야 했다.

연길에는 2000년에 중소기업 중앙회가 국내 45개 생산업체를 분야별로 모집해 백화점을 설립하고 중앙회 직원을 파견하여 관리하도록 했다. 우리 회사도 공예품 회사를 대표하여 연길 백화점 사업에 참여하게 되었고, 아들이 그곳에서 근무하고 있었다. 한국을 떠나기 전, 아들에게 미리 연락해 백두산 여행을 위한 차량을 준비해 달라고 부탁했다. 백두산은 연길에서 차로 약 네 시간 거리에 있었다. 차주이자 기사 겸 가이드인 조선족과 함께 가니 말도 통하고, 이동 중 자세한 설명도 들을 수 있었다.

호텔에서 아침 식사를 마치고 8시쯤 연길을 출발했다. 압록강 변을 따라 4시간 동안 차를 달리면서, 중국과 북한 사이를 흐르는 두만강 가까운 곳에서는 북한 땅이 손에 잡힐 듯 가깝게 보였다. 약 100m 간격으로 북한군들이 총을 메고 국경을 지키고 있었다. 여름이면 탈북자들이 수영으로, 겨울에는 얼음을 타고 국경을 넘는다니, 그들을 막기 위해 경계 근무가 필수였다.

연길 백화점 설립 당시 겨울, 직원들과 식당에서 회식을 마치고 나오는데, 문밖에서 어린아이들이 우르르 몰려와 손을 내민 적이 있다. "사장님, 도와주세요. 북조선에서 왔습니다." 아이들의 손은 꽁꽁 얼어 갈라져 있었고, 얼굴엔 땟국물이 흐르며 옷은 남루했다. 나는 두 아이에게 원화로 약 만 원 정도인 50위안짜리 한 장씩 쥐여 주었다. 아이들은 고맙다는 말을 연발하며 허리를 굽혀 인사하고 사라졌다.

같이 있던 지인이 한마디 한다. "앞으로 절대 돈을 주면 안 됩니다. 한 번 주면 기억했다가 식당 갈 때마다 따라와 귀찮게 합니다." 아이들은 1원, 1원 모아 100위안 정도만 모이면 강을 건너 부모에게 전달하고 돌아온다고 했다. 국경수비대와 통할 수 있는 아이들만 가능한 일이라고 한다.

세상에 태어나는 건 본인의 의지와 무관하지만, 어쩌다 북한 땅에서 태어나 그처럼 힘든 삶을 살아야 하는지 가슴이 아팠다.

  그 장면을 보면서 자연스레 통일을 생각하게 된다. 당장은 어렵지만 언젠가는 우리 민족이 모두 행복하게 살아갈 수 있기를 바란다. 독일이 통일된 직후 베를린을 방문했을 때, 철거되어 전시된 베를린 장벽의 잔재를 보며 부러움을 느꼈던 기억이 난다. 우리나라도 언젠가 통일을 맞이할 날이 올까 싶지만, 세월이 흐를수록 그 희망은 더욱 요원해지는 듯하다.

  4시간을 달려 백두산 아래 대우호텔에 여장을 풀었다. 늦은 시간이라 이날은 백두산 아래 폭포 주변을 돌아보고 사진을 찍으며 관람만 했다. 다음 날 아침, 백두산 정상까지 운행하는 미니버스를 타고 산을 오르는데, 구불구불한 길 아래로 천 길 낭떠러지가 보여 오싹했다. 사고라도 나면 어찌 될까 생각만 해도 간담이 서늘해졌다. 산 정상에 다다르자, 청명한 날씨였던 아래와 달리 꼭대기는 안개가 자욱했고 바람과 빗방울이 세차게 몰아쳤다. 천지를 내려다보고 싶었지만, 안개 때문에 전혀 보이지 않았다. 백두산 천지를 제대로 볼 수 있는 건 일 년에 몇 차례뿐이라고 한다. 우리는 9월에 갔으니, 최고의 시기를 놓친 셈이었다. 결국 백두산 호텔에서 2박을 하고 연길로 돌아왔다.

돌아오는 길에는 용정에 있는 윤동주 시인이 다녔던 학교에 들러 천재 시인의 흔적을 더듬고, 그 유명한 시 「서시」를 읽었다. 일송정 아래에서 해란강을 바라보며 잠시 휴식을 취한 뒤 연길 숙소로 돌아왔다. 비록 백두산 천지는 직접 볼 수 없었지만, 윤동주 생가와 일송정, 노랫말 속 해란강을 눈으로 확인한 것만으로도 이번 여행의 큰 보람이었다. 20여 년이 지난 지금까지도 백두산 천지를 다시 보겠다는 약속은 지키지 못했지만, 언젠가는 꼭 다시 방문하겠다는 다짐을 새삼 떠올렸다.

추운 겨울밤, 갈라진 손으로 구걸하던 북한 어린아이들이 눈앞에 떠오른다. 우리와는 너무나 큰 격차 속에서, 북한에서는 태어난 이유만으로 굶주리며 살아가는 동포들이 있다. 권력을 유지하기 위해 인간의 존엄성을 말살하는 북한 체제의 현실은 가슴 아프지만, 공산주의는 결국 스스로 무너질 것이라는 믿음을 버리지 않는다. 과연 우리 민족의 통일은 이루어질 수 없는 숙제로 남을 것인가, 질문이 떠나지 않는다.

남북 분단의 슬픔

강화도 연미정에서 바라다보는 북녘땅
왼편이 개성 오른쪽이 김포다

한 나라 한민족이 남북으로 나누어져
서로 총부리를 겨누니 이 무슨 비극인가
분단 70년이 흐른 세월
남북을 흐르는 바닷물은 수천 년
변함없이 오고 가는데
가로막힌 철조망은 견고해져만 간다

한 줄의 선으로 남북으로 나뉜 삼팔선
한뿌리에 자란 나무 두 갈래로 갈라지고
부모 · 형제 헤어지는 슬픔을 겪으며
가슴속엔 쌓인 한이 넘쳐흐른다

바람에 실려 오는 북녘의 향기
그리운 이들의 목소리가 들릴 듯 말 듯한 지척
눈을 감으면 떠오르는 얼굴들이 보이건만
아무리 손을 뻗어도 닿지 않는 먼 거리
철책 너머에는 피를 나눈 형제들이
고통과 기아에서 하나 될 그날을 기다리고

긴 밤을 지새우며 통일의 아침을 그리면서
고통과 희망의 불씨를 함께 태운다

이 땅에 다시 평화가 깃들고
부모·형제가 상봉하는 그날을 위해
우리는 모두 두 손 모아 기원한다
그날이 오면 분단의 슬픔은 오래된 추억이 되리니

선(善)과 악(惡)

나무와 나무 사이 실타래 뽑아
먹이사슬 쳐놓고 걸려들길 기다린다

가을 하늘 좋아서 소풍 나온 고추잠자리
간밤에 잘못 꾼 꿈 탓인지 덫에 걸린다
버둥대 보지만 엉켜드는 거미줄
생사의 갈림길에서 포기하는 삶

잽싸게 내려오는 왕거미 한 마리
안돼 소리치며 달려 나가서
휘감긴 거미줄 떼어낸 후
푸른 하늘로 날려 보낸다

거미에게 조금은 미안함도 있었지만
약육강식 앞에 희생될 뻔한 잠자리
새로운 삶 열어주어 즐거운 마음으로
가벼운 발걸음을 옮긴 산책길

잠자리는 생명을 구했으나
거미에겐 배고픔을 안겨 주었으니
선과 악의 한계가 모호해진다

봄 향기

봄바람에 실려 오는 꽃향기 따라
내 마음도 봄을 찾아 길을 나선다
앙상했던 가지에 새순이 움트고
들꽃 피고 뒷산에선 종달새 운다

남녘에서 불어오는 봄바람 속에
동면하던 개구리도 기지개 켜고
목련꽃 하얀 자태 선을 보이며
꽃향기 풍기며 봄을 알린다

진달래 개나리도 꽃을 피우고
봄 내음이 사방으로 퍼져나가면
강남 갔던 제비들도 다시 돌아와
분주히 서두르며 집을 짓는다

따스한 봄날

따스한 봄볕이 내리쪼이고
향긋한 봄 내음이 물씬 풍겨오는 날
동생의 전원주택을 찾아와
오랜만의 휴식 시간을 가져본다

호수같이 잔잔한 바다 저 멀리
아스라이 청산도가 보이고
앞마당엔 봄을 알리는
진달래 목련화도 곱게 피었다

낚싯배 한 척이 물살을 가르며
하얀 파도를 일으키며 바다를 달린다
거실 소파에 앉아 창밖을 바라보며
고향의 정취에 취한 따스한 봄날

섬에서 만난 커피 한 잔

꼭 한번 와보고 싶었던 섬 신진도
창밖엔 보슬비 내리고
갈매기들이 날고 있는 이 섬에서
따끈한 카푸치노 한 잔이
혀끝을 녹인다

너무 따스하고 행복이 가득한
시인 부부의 환대 속에서
찻잔 속의 커피가 더해지니
연인들의 달콤한 향기가
더욱 감미롭게 전해진다

세상을 살아가면서
문인들과 맺어진 인연들이
더욱 소중하고 감사한 건
정원에 피어난 허브꽃 향기처럼
진한 감동에 어우른 달콤한 커피와 같구나

우연으로 만나 필연으로 맺어진
소중한 인연들이 커피 향 되어
하늘 높이 사로리라

칠월의 녹음

칠월의 숲은 녹음으로 가득 차고
햇살은 나뭇잎 사이로 춤을 춘다
바람은 속삭이며 나를 감싸고
매미 합창이 여름을 펼쳐간다

녹음의 향기 속에 숨을 들이쉬며
저마다의 색으로 피어난 꽃을 보고
자연의 품에 안겨 평화를 꿈꾸며
삶의 아름다움을 다시금 깨닫는다

푸르른 잎새들이 서로 부딪히며
이 녹음 짙은 칠월의 숲은
열기 속에서 그늘을 만들어주고
나는 그 길을 천천히 걸어간다

분수대의 향연

무더위가 기승을 부리던 날
호수공원에 어둠이 내리고
분수대를 비추는 오색등이 켜지면
보라매공원을 찾는다

분수는 하늘을 향해
화려한 물줄기를 쏘아 올려
물기 어린 바람이 스쳐 가고
관람 인파의 환호성이 터진다

갈대는 물소리에 귀 기울이고
물속에선 잉어와 거북이가 노닌다
하늘과 땅 사이에서 펼쳐진
무지갯빛 물보라의 향연

솟구치는 물줄기가
호수공원에 평화로운 여름밤
열기를 식혀주면
가벼운 발걸음으로 집을 향한다

광안리 바닷가

어둠이 깔리는 광안리 바닷가
멀리 광안대교 불빛이 찬란하고
잔잔한 파도가 밀려오면서 만들어진
달빛에 비치는 윤슬이 아름답다

사르르 밀려오는 파도 소리에
음악이 섞여 밤바다에 흐르고
사람들은 바닷가를 걸으며 꿈을 꾸고
광안리에서의 추억을 남긴다

파도는 쉼 없이 발끝을 간지럽히고
바닷가를 거니는 연인들은
모래밭에 발자국을 남기며
사랑의 밀어를 속삭인다

해운대 해변의 하루

아침 바다를 뚫고 해가 솟아오르면
물결 따라 빛이 넘실거리고
파도는 나에게 첫인사를 건넨다
하루가 여기에서 시작이라고

낮이 되면 파라솔 아래 삶을 내려놓고
아이들은 여기저기 모래성을 쌓는다
연인들은 손을 잡고 미래를 꿈꾸며
작은 성취를 웃음 속에 남긴다

저녁이 오면 붉게 물든 하늘 아래
사람들은 노을 속에 자신을 비춘다
모래알 틈새로 스며든 하루의 흔적들
그 작은 순간들이 어느새 추억으로 남는다

바다와 하늘과 사람이 만나는 곳
해운대는 오늘도 그렇게
사람들의 이야기를 받아들이며
오늘 하루를 조용히 마무리 짓는다

모래 위에 남겨진 발자국

어둠이 깔린 바닷가
광안리 해변 모래밭
난잡하게 많은 발자국이
모래밭에 흔적을 남겼다

처음엔
물결이 살짝 스쳐 간
자국이려니 싶었는데
자세히 들여다보았더니

유명한 화백이 그린 그림처럼
깊게 또는 얕게 파여 남겨진 모형이
전시회에 전시된 그림 같아서
한동안 그 자리에 멈추어 섰다

자연이 남긴 아름다움에
도취되어본 순간이다

● 해설

역경을 딛고 부르는 희망의 찬가

— 최병용론

권 대 근
(문학박사, 대신대학원대학교 교수)

I.

메난드로스는 '역경은 희망에 의해서 극복된다.'라고 했다. 최병용 시인의 삶을 한마디로 설명해 주는 말이 아닌가 여겨진다. 60여 년 전에 문인이 되고 싶은 꿈을 늦게나마 황혼에 접어들어 이룬 최병용은 시인이면서 수필가다. 바이런이 말한 대로 '역경은 진실에의 첫걸음'이다. 불행은 칼과 같은 것이다. 칼날을 잡으면 손을 베이지만, 손잡이를 잡으면 괜찮다. 임옥인은 '생명미 탐구의 긴 오솔길'에서 '생활의 안정이 작품을 쓸 수 있는 촉진제는 못 된다. 오히려 역경이 정신노동에는 촉진제가 되는 것 같기도 하다.'라고 했다. '멀미가 심한 체질인데도 어부 생활도 2년 경험해 보고 스물두 살 어린 나이로 최연소 마을 이장을 2년 동안 하면서 손수 설계한 어엿한 내 집도 그리고 정부 지원을 받아서 내 배도 마련하였다. 고향에서의 10년 생활을 끝내고 서울로 올라와 수출 회사에 취업하여 8년 직장 생활을 끝내고 내 사업체를 시작하였고, 40년 동안 수출업을 하는 동안에도 너무나 큰 곤경에 처하여 앞이 캄캄할 때는 정말 세상을 끝내고 싶다는 생각까지 해본 적도 있었다. 아무리 매서운 추위가 닥쳐도 봄이 오는 게 자연의 이치처럼 이게 벼랑 끝이라 생각할 때도 그 순간을 이겨내면 반드시 봄은 온다는 믿음을 포기하지 않았다.' 그의 수필 「판도라의 상자」에 피력된 고난 극복의 서사는 중국의 시법에 나오는 '시궁이후공론'을 떠올리게 한다.

「작가의 말」을 통해 그는 문장화국지인의 꿈을 잘 기술했다. '섬에서 태어나 어린 시절을 섬에서 보낸 후 어린 시절 나에게 닥쳤던 어둡고 긴 터널을 거쳐 오면서 중학생 때부터 꿈꾸던 문학도의 날개를 펴보지도 못하고 접은 채 오랜 세월을 생존경쟁의 틈바구니에서 생활전선에 뛰어들어 외국 각 지역을 발로 뛰면서 사업을 이끌어 왔다.' 완도에서 태어나 중학생 때부터 꿈꾸었던 문학도의 꿈을 환경이 갖추어지지 못해 그 날개를 펴지 못하다가 그는 '다들 코로나로 인하여 많은 아픔과 큰 이변들을 낳았지만, 나한테는 코로나가 내 생애에 그렇게 갈망하던 문학의 길을 느지막이나마 황혼에 들어서서 걸을 수 있도록 기회를 준 것 같다.'라고 했다. 그는 살아생전 늘 자신에게 들려주시던 아버지의 말씀 '정신일도 하사불성(精神

一到 何事不成)'을 매달고 중국으로 나가 사업을 펼쳐 가난을 물리치는 꿈을 이루었다. 평자는 시인의 꿈이 실현되도록 하는 데 조금이나마 도움이 되었으면 하는 마음으로 그가 숨겨놓은 시맥을 찾아 나서며, 시의 숲을 헤맨다. 시집에 실린 모든 시에 대해 한 편 한 편 감상하고 열 파트로 나눠진 것 중에서 각 파트 가장 문학성이 짙은 시에 대한 평을 쓰고자 한다.

  그의 시는 서정시학의 힘을 업고 문학형식으로 형상화되고 있다는 점에서도 가치가 있다. 시와의 치밀한 감상적 조우라는 이 시집 해설을 통해서 최병용 시의 정체와 시적 울림의 메커니즘에 접근해 볼 수 있으리라 본다. 고향에 대한 사랑 없이 어떻게 시와 수필이 건강할 수 있는가. 고향 완도의 바다를 시적 등가물로 생각하고 노래했다는 점에서 그는 문학사의 한 언저리에 토포필리아의 나무 한 그루를 심어놓는 데 크게 기여한 시인이라 하겠다. 살아있는 시인의 문학작품의 평가만으로 그의 시적 성과를 평가하는 것은 무리이지만, 그의 시가 역경을 이겨내는 희망의 찬가를 부름으로써 한국 시의 전통과 품격을 격조 있게 계승하고 있다는 데 대해서는 아무도 이의를 달지 않으리라 본다. 본래 시는, 자동화로 습관화된 지각을 지연시켜, 세계를 자아화함으로써 생성되는 것이다. 시를 읽는 것은 세계 속에 있는 시인의 내밀한 경험을 이해하는 것과 같다. 경험 중에서도 시인의 특별한 경험인 체험은 자기의식 속에 어떤 의미가 녹아 있다. 이 의미에 의해 체험은 지향성을 갖는다.
 그의 세계 인식은 「아침을 연다」에 잘 피력되어 있다. 시제에 표상되는 이미지는 따뜻하고 열정적이고, 희망적이고 긍정적인 '태양'의 형상임을 알 수 있고, '연다'라는 서술어에는 그의 수필과 시가 지니고 있는 연관성에 의해 그때그때 실제로 감각되고 파악되는 것 이상의 의미를 내포한다고 하겠다. 시인에게 시와 수필은 극복의 삶을 획득하고자 하는 지향성과도 같다고 하겠다.
 작품집을 내면서 '초심으로 돌아가 이제부터라도 부족한 부분을 채워가면서 문학의 길로 끊임없이 전진해 나가 보련다' 하는 대목에서 평자는 시인의 훌륭한 인품을 볼 수 있었다. 수필은 작가와 가장 인간적인 만남의 장을 열어주는 통로라는 점에서, 필자는 어느새 그가 다듬고 있는 삶의 진실한 체험성에 경의를 표하게 되었다. 이 분의 수필을 탐독하면서 '역경은 사람을 보옥과 같은 인간으로 만든다'라는 영국 속담을 언급하지 않을 수 없다. 그는 '희망은 잠자고 있지 않는 인간의 꿈이다.'라는 아리스토텔레스의 어록을 가슴에 새기고 역경의 인생사를 딛고 오뚝이처럼 일어나 성공 신화를 창조해 내고, 지금 희망의 찬가를 부르고, 희망의 서사를 써서 우리에게 풍성한 감동을 선사한다. 역사와 시대 앞에, 활자와 독자 앞에 겸손한 자세를 갖추는 거 말고 작가에게 무엇이 더 필요한가. 그가 찾고자 했던 진리는 오직 하나다. 희망의 아침을 여는 데 있다.

II.

『아침을 연다』 작품집은 10부로 구성되어 있는데, 시인이 친절하게도 관련성이 있는 시수필을 한데 묶어 분류를 잘해놓았다. 그 때문에 대표적인 수필 한 편으로도 각 부에 놓인 시들의 성격과 특성을 파악하는 데 무리가 없을 듯하다. 제1부는 수필 「판도라의 상자」와 시 10편, 제2부는 수필 「아직도 우리 곁에는」과 시 10편, 제3부는 수필 「사모곡」 외 시 10편, 제4부는 수필 「작은 별이 된 제니」 외 시 10편, 제5부는 수필 「어부 생활」 외 시 10편, 제6부는 수필 「돼지꿈」 외 시 10편, 제7부는 수필 「순덕이」 외 시 10편, 제8부는 수필 「가훈」 외 시 10편, 제9부는 수필 「삶의 응어리」 외 시 10편, 제10부는 수필 「백두산 여행에서」 외 시 10편으로 되어 있다. 평자는 왜 시인이 수필 「판도라의 상자」를 제1부에 먼저 놓았을까를 생각했다. 「판도라의 상자」에는 시인의 삶이 압축되어 있다. '고향에서 혼자 올라와서 친구 둘이 사는 자취방에 끼워 살면서 주인집 할머니 외손녀 초등학교 2학년 아이 공부도 가르치고 신문 배달을 하였으나 매번 수업료 납부할 때만 되면 쩔쩔매다가 뒷집에 사는 케이크 장사를 하는 친구를 알게 되었고 그 친구의 권유와 도움으로 케이크 장사를 해보기로 했다. 어느 일요일 밤 친구를 따라 케이크 집엘 가서 친구가 보증을 선 후 케이크 통을 메고 길거리로 나왔다.'는 것이 시인의 고백이다. 1부에서 8부 제일 앞에 실린 수필들은 하나같이 희망의 찬가다. 이 분의 수필은 인연을 기반으로 하는 휴머니즘, 역경을 극복한 서사, 향토적인 서정과 사모곡, 실천이성, 통일에 대한 꿈 등의 주제의식을 담고 있다. 무엇보다도 그는 삶의 근원을 알고자 했고, 자신을 위협하는 많은 사회적 기제들을 깨어 있는 의식으로 탐색하며, 오랜 시간 동안 희망의 시로 풀어내었다. 그의 시는 삶의 전반을 아우르고 있는 존재론적 사유의 흔적들이다. 시가 삶이 되고, 삶이 시가 되었던 과정을 애정의 눈으로 살펴보자.

> 고요를 깨우며 문을 두드리는/ 창가에 머문 햇살 한줄기/ 어제의 무게는/ 커피 향 따라 퍼지는 따스함에/ 천천히 녹아내린다// 간밤의 꿈과 함께 어제는 지나갔고/ 다른 하루 오늘은 열린다/ 늘 이른 새벽에 희망은 숨겨져 있어/ 손을 조용히 내밀어 본다
>
> ―「아침을 연다」 부분

> 너무 따스하고 행복이 가득한/ 시인 부부의 환대 속에서/ 찻잔 속의 커피가 더해지니/ 연인들의 달콤한 향기가/ 더욱 감미롭게 전해진다// 세상을 살아가면서/ 문인들과 맺어진 인연들이/ 더욱 소중하고 감사한 건/ 정원에 피어난 허브꽃 향기처럼/ 진한 감동에 어우른 달콤한 커피와 같구나
>
> ―「섬에서 만난 커피 한 잔」 부분

최병용의 시에서 두드러지는 시어는 '아침'과 '새벽'을 들 수 있는데, 이런 어휘들은 전부 '희망'과 관련을 맺고 있고, 하나의 '빛'으로 환원된다고 하겠다. 무엇보다도 이 시 「아침을 연다」는 '커피향'이란 후각 이

미지와 연관이 깊다. '햇살 한 줄기'와 '커피향의 따스함'이 어제의 무게를 녹여 내린다고 해석한 인과 구조에 주목할 필요가 있다. 시인은 자신의 삶이 향기롭게 익어가는 원인을 물론 자연에서 찾지만, 자연이 전부가 아니고 진짜 원인은 그 속에서 건강한 웃음을 선사하는 인연들이다. 이런 인연의 아름다움을 달콤한 커피향으로 형상화하는 시적 기교가 그의 인생관과 조화를 이루고 있어 감동을 준다. 시인은 어떤 경우에도 시를 쓰고 있다는 것을 '현실태'로 표현함으로써 강한 인과성의 원리를 보여준다. 세상을 살아가면서 맺은 문인들과의 인연에 대한 감사를 '허브꽃 향기'에 이어 '달콤한 커피'로 전치 시켜 구체화한 대목은 시의 언어가 '직정'이 아니라 '비교'라는 걸 말해준다. 이 시의 의미를 찾기 위해서는 구조적인 형식도 알아야겠지만, 그 작품의 내적인 논리체계뿐만 아니라 작품 외적인 것도 부분과 전체라는 차원에서 이해해야 한다.

 여기서 중요한 부분은 '간밤의 꿈과 함께 어제는 지나갔고/ 다른 하루 오늘은 열린다/ 늘 이른 새벽에 희망은 숨겨져 있어/ 손을 조용히 내밀어 본다'라는 대목인데, 이 부분만 해석하면, 시인은 철저하게 과거의 현재화를 지우고 현재의 현재화를 부르짖는 현실주의자라는 걸 알 수 있다. 헤겔은 '참된 것은 현실 속에 있다.'라고 했다. 괴테는 '나의 시는 현실에 의해 촉발된 것이며, 현실에 기초를 갖고 있다.'고 했다. 최병용 역시 '지나간 어제'에 연연하지 말고 다가오는 오늘에 손을 내미는 것으로 그가 현실과 처절하게 대면한다고 볼 수 있지만, 다시 이어지는 「섬에서 만난 커피 한 잔」의 마지막 연 '우연으로 만나 필연으로 맺어진 소중한 인연들이 커피향 되어 하늘 높이 살리라'에서 보이듯, 그는 이 두 시에서 강력한 후각이미지를 활용해서 빛으로 닥칠 희망의 찬가를 부르고 있다고 하겠다. 무의식적인 충동이나 욕망이 무의식 밖으로 나올 때 언어기호의 껍질을 쓰고 나오는데, 시인은 빛을 따라 한 걸음 또 한 걸음 새로운 아침을 열어나가는 것도 희망 때문이라고 볼 정도로 그는 이른 새벽과 손을 잡고 우연으로 만난 인연을 필연이라 여기며 살고자 한다.

   너무나 바뀌어버린 현실 속에서/ 적응하며 살려하니 힘이든 세상// 세상이 어찌하다 이렇게 변했을까?/ 한방에 옹기종기 부대끼며 살았을 땐/ 따스한 사랑의 정 가슴 속에 흘렀는데// 물질이 풍요로운 세상이고/ 하나둘 자식 두어 풍족한 삶인데도/ 따스한 정은 보이지를 않는구나// 결혼도 아니 한 체 독신이 늘어나고/ 혼인한다 한들 출산도 꺼리니/ 이러다 국가소멸론 현실 될까 두렵다// 백 불의 국민소득 빈곤 시절에는/ 개천에 용 난다며 희망도 꿈꿨는데/ 사만 불 십 대 선진국 바라볼 게 무어더냐// 초근목피 연명하던 그 시절이 그리운 건/ 실종된 정에 대한 굶주림 인가보다

                            —「바뀐 세상」 전문

  이 시는 서정적 자아로서 시인이 아니라 역사적 자아로서 시적 화자가 우리나라가 처한 현실을 비판적으로 조명한 문명비판적 시로, 물질주의, 이기주의로 잃어버린 정을 되살리는 길이 없을까 하고 '애국

시민'의 관점에서 쓴 작가정신이 투철하게 반영된 시다. '세상이 변했다'란 말은 이 시인의 세계관을 이해하는 데 키워드로 작용한다. 이 시에서 주목할 부분은 대립항인데, '백 불의 빈곤 시대'와 '사만 불 십대 선진국'과의 비교대조. 빈곤 시대에는 '개천에서 용 난다'는 희망이라도 품었는데, 선진국 시대에 들어섰지만, '독신주의' '출산기피' 등의 국가 소멸을 걱정할 정도의 징후들이 초근목피 시절을 그리워하는 아이러니를 보여준다. 일반적으로 시인은 '나는 누구인가' '나는 어떻게 살 것인가'하는 우리 삶의 가장 근본적인 문제에 천착해 왔다고 하겠다. 본질에 집중한다는 것은 언제나 깨어있음을 의미한다. 시인의 말에서 알 수 있듯이 그가 시를 쓰는 것은 일종의 '더 나은 사회를 향한 기도'다. 최병용의 시작 행위는 시정신에 집중하여 더 나은 사회를 위한 언어를 무기화하는 데까지 나아간다. 공인으로서 자신의 존재성을 확립해 간 것으로 볼 수 있다. 그는 '실종된 정에 대한 굶주림인가 보다'라는 어구로 '바뀐 세상'의 문제의식을 각인시킨다. 시인은 시대와 역사를 관통하는 탐구 과정에서 문제의식을 갖고 시정신을 경험한다고 하겠다.

  붉게 물든 하늘 끝자락에/ 희망이 살포시 내려앉는다// 저문 하루의 끝 지친 마음을 위로하듯/ 노을빛이 따스히 감싸 안는다/ 희미하게 퍼져가는 빛 사이로/ 내일의 꿈이 반짝인다// 잠시 멈추어 소망을 되새기는 순간/ 희망은 조용히 속삭인다/ 노을 져 어둠이 다가올지라도/ 이 빛은 사라지지 않으리// 하루의 끝 노을에 비친 희망은/

새로운 시작을 향해 날아오른다

— 「노을에 비친 희망」 전문

위의 시를 보면, 최병용 시인에게 시는 왜 필요한가를 알 수 있다. 시인은 시인의 역할을 '희망을 전하는데' 두고 있다. 이 시뿐만 아니라 다른 시에서도 나타나는 주요한 특질의 하나는 시의 중간중간에 '빛', '꿈', '희망', '소망' 같은 어휘들이 많이 삽입되어 나타난다는 점이다. 위 시는 그 희망의 빛이 이른 아침이 아니라 하루의 끝 노을에도 비친다는 것이다. 시인은 반인간적인 신자유주의 물결 속에서도 희망이 있기 때문에 용기를 가져야 한다고 사람들을 부추긴다. 희망은 '새로운 시작을 향해 날아' 자신을 오르게 한다고 말하고 있다. 붉게 물든 노을을 보는 순간 또는 시간만큼, 시인은 빛과 함께하는 공간 안에서 존재할 수 있는 것이다. 또한 최병용의 시는 현실 만족에 대한 긍정성을 드러내는 데 그 특성이 있다. '살포시 내려앉는다', '따스히 감싸안는다', '꿈이 반짝인다', '조용히 속삭인다', '시작을 향해 날아오른다' 등의 포용적이고 긍정적이고 상승적인 서술어를 병용하고, 관념어와 구체어를 중층으로 배치해서 문학성을 잘 견인해 내고 있다. 시적 화자는 노을 속에서도 꿈과 희망을 찾아내어 내일에 대한 긍정적이면서도 따뜻한 시각을 유지하는 일을 잊지 않는다. 이러한 긍정은 '노을 져 어둠이 다가올지라도 이 빛은 사라지지 않으리'라는 어구에서 엿볼 수 있다.

시골에서 시어머니가 보내주신/ 보기만 해도 먹음직스러운/ 고추장 두 병/ 신세대 며느리가 쓰레기장에 버렸단다// 자식을 위해/ 고추 빻고 죽을 쑤어 정성 기울여/ 흐뭇해하며 보냈을 텐데/ 병뚜껑도 따지 않은 채 버려진/ 고추장이 벌겋게 얼굴을 붉힌다// 옛날과는 달라져 버린/ 식성 때문에 빚어진 참상이다// 그렇다고 노모의 정성을/ 어떻게 헌신짝처럼 버릴까?/ 씁쓸한 마음을 저버릴 수 없어/ 고추장 병만 물끄러미 바라본다

—「버려진 고추장 두 병」전문

최병용의 시세계가 보여주는 또 다른 한 모습에는 상남자의 따스함이 스며나고 있으며, 진솔한 고백이 반성적 성찰의 원리로 승화되어 순진무구한 인정의 미학으로 묻어난다는 것이다. 아무리 바뀐 세상이지만, 시어머니가 보내준 고추장을 쓰레기통에 버린 신세대 며느리에 대한 비판은 우리 시대의 아픈 상처를 드러낸다. 고추장이 한 병도 아닌 두 병이다. 이 시의 최대 압권은 '병뚜껑도 따지 않은 채 버려진/ 고추장이 벌겋게 얼굴을 붉힌다'라는 시의 두 번째 연의 5행에 놓인 '고추장이 벌겋게 얼굴을 붉힌다'는 대목이다. 고추장의 붉은 시각이미지를 이용하여 고추장을 버린 신세대 며느리에 대한 시어머니의 분노를 비유적으로 나타내고 있다. 식성 때문에 버려진 참상이라지만 시적 화자는 노모의 정성을 생각하며, 버려진 고추장 병 곁을 떠날 수 없다. 역사적 자아로서 시인이 써나가는 시의 특징 중 하나는 개인적 체험을 보여주는 데 있어서 가공하지 않고 사실을 그대로 노출시킨다는 점이다. 독자로부터 공감을 얻게 되는 것은

그 소재가 특별해서라기보다 작가의 진솔함이 인정에 뿌리내려 있어서일 경우가 많다. 최병용 시의 최대 강점은 체험의 진실성이요, 진실의 표백에 있다. 고부갈등이 사라진 줄 알았는데, 아직도 우리 사회는 이런 갈등이 존재한다는 점이다. 이런 보편적 속성이 독자로부터 공감을 얻게 할 뿐만 아니라 시문학으로서의 가치와 공감을 담보해 주는 것이다.

> 겨울이 지나면 봄이 오는 건/ 우리 인생에서 삶이고 진리이다// 차갑게 얼어붙은 대지 위에/ 희망조차 움트지 않을 것 같던 겨울/ 바람은 날카롭고 하늘은 잿빛으로/ 마음을 닫게 했으나// 그 속에서도 땅속 깊이/ 숨죽인 생명은 꿈틀거렸고/ 얼음 틈새로 스며든 햇살은/ 다시 온기를 불어넣었다// 겨울이 끝난 자리/ 바람은 부드러워지고/ 꽃봉오리에 묵묵히 찾아오는 기적도/ 자연의 순리이고 이치다// 우리는 알게 된다/ 겨울은 끝이 아니라 봄을 부르는 시작임을
>
> ―「겨울 지나면 봄」 일부

이 시를 읽으면 생각나는 말이 시작과 끝이 같다는 '시종일여'라는 사자성어다. '겨울 지나면 봄'이라는 말은 너무나 당연한 자연의 법칙이지만, 신유물론에 익숙한 평자에게는 썩 당연한 것으로 다가오지 않는다. 세상의 자연법칙은 절대적 인과성보다는 우연적 절대성에 지배된다는 신유물론의 특성 때문이다. 그런데도 시적 화자는 철통같이 겨울이 가면 봄이 오리라는 걸 믿고자 한다. '겨울이 끝이 아니라 봄을 부르는 시작'이라는 말에 담긴 희망의 메시지는 자연의 순리와

가치 속에 존재한다. 이 작품은 희망을 향한 시인의 정신이 어떠한가를 잘 보여준다. 그에게 '겨울이 지나면 봄이 온다'는 진리는 고정불변의 가치다.

  시인은 이런 진리관을 '그 속에서도 땅속 깊이/ 숨죽인 생명은 꿈틀거렸고/ 얼음 틈새로 스며든 햇살은/ 다시 온기를 불어넣었다'라는 서술을 통해 잘 보여준다. '겨울이 끝난 자리/ 바람은 부드러워지고/ 꽃봉오리에 묵묵히 찾아오는 기적도'라는 어구는 내용적으로 주제의식의 구체화이면서 무한한 확장이고, 형식적으로는 문학적 성취가 빛나는 부분이다. '꽃이 피는 것'을 '기적'으로 나타낸 부분도 감동을 준다. 한 봉우리의 꽃이 피기까지의 과정을 읽고 아마도 시적 화자는 뭉클한 느낌을 받았을 것이다. 생명에 대한 애정이 그만큼 절대적이며, 애틋하고 간절하다는 증거가 아니겠는가. 시인은 이 작품을 통해서 필연의 소중함을 다시 한번 일깨워 주고자 한다. '얼음'과 '잿빛'이란 어두운 이미지를 '햇살'과 '온기'라는 따뜻한 이미지로 전환시켜 꽃 피는 봄의 기적을 의미화함으로써 시인은 긍정미학을 최고조로 끌어올리는 데 성공했다. 불안이 팽배한 시대라서 이런 시가 더욱 가슴에 와닿는다.

    등 굽은 허리 하고서 박스 줍는 할머니/ 사옥 신축과 함께 이어온 인연 30년// 다 낡은 손수레를 끌고서 온 동네/ 골목길을 누비며 박스를 줍는다// 회사에서 박스 사용이 많아/ 버려진 것들을 모아 두었다/ 항상 그 할머니에게 드리곤 했었다// 당시만 해도 50대 중반/ 이젠 구순을 바라보는 나이// 어렵게 한 푼 두 푼 돈을 모아서/ 반백수인 아들에게 전해주면서도// 항상 흐뭇해하시는 할

머니를 바라보며/ 아낌없이 주는 나무 같은/ 어머니의 자식 사랑을 생각해본다

—「아낌없이 주는 나무」 전문

이 시는 최병용 시 중에서 대표적인 의식지향의 시다. 등 굽은 허리를 하면서 박스를 줍는 구순 할머니의 삶을 삼십여 년 동안 지켜보아 온 시적 화자다. 어렵게 한 푼 두 푼 모아 반백수 아들에게 전해주면서 늘 흐뭇해하신다는 무한 헌신의 모성을 '아낌없이 주는 나무'에 견주었다. 때론 그는 사회의 중심 또는 역사의 중심에 서서 변방과 주변을 주시하고자 한다. 이 작품 「아낌없이 주는 나무」의 '구순 할머니'는 우리 사회의 타자이며 약자다. 도움이 필요한 자의 상징이며 동시에 사회복지제도의 구멍 난 증거를 표징 한다. 그는 가난한 죄로 한 할머니가 30여 년을 폐지를 주어 생을 영위하는 과정을 시의 제재로 활용해서 잘 형상화하고 있다. 이 시의 최대 관심은 약자들의 현실을 그리는 일이다. 그래서 들뢰즈는 문학은 주변부 타자의 담론을 기록하는 것이라고 하였다.

시인은 반백수인 아들과 폐지 줍는 구순 할머니의 시든 삶을 적나라하게 드러냄을 통해 우리 사회의 복지 사각지대를 알리며, 잊어서는 안 될 타자들의 아픔이 위정자들의 정치놀음에 매몰되고 있는 현실을 우려의 시각으로 지켜본다. 타자의식의 결여를 질타하고 있는 모습은 아름답다고 하겠다. 이 시의 결말부에서 시인은 할머니의 희생과 헌신의 아름다움에 더 접

근하기 위해 모성을 '아낌없이 주는 나무'로 묘사하였지만, 시인은 힘든 노동 속에서도 아들을 지켜내려 했던 할머니에게 존경을 보낸다. 슬픈 우리 사회 현실을 추적하는 모습에서 작가다움을 보여준다. '아낌없이 주는 나무'라는 비유에서 문학적 성취가 최고조로 발휘된다. 이로써 최병용 시인은 시 속에 이타정신을 담음으로써 투철한 시정신을 보여주었다고 하겠다.

> 심장 깊숙이 새겨진 아픔을/ 세월에 씻겨내고 바람에 날려본다// 초근목피 견뎌내며/ 보릿고개 넘던 시절/ 초롱초롱 눈망울로/ 쳐다보는 자식들에게/ 희멀건 보릿가루 죽/ 한 국자씩 퍼주시며/ 옷고름에 눈물 훔치던/ 어머니의 슬픈 영상/ 수십 년 세월 흘러/ 천지개벽 이루었건만// 암울했던 그 세월은 기억 속에 머물면서/ 아리랑 노래되어 가슴속을 울려온다

—「가슴속에 아리랑」 전문

최병용의 시세계를 이루는 또 하나의 바람직한 숨결은 억새 평원 같은 우리 어머니들의 헌신적 생명력의 삶을 보는 데 있다. '어머니'에 대한 그리움과 가시지 않을 짙은 향기를 사모곡에 잘 담아낸다. '초근목피 견뎌내며/ 보릿고개 넘던 시절/ 초롱초롱 눈망울로/ 쳐다보는 자식들에게/ 희멀건 보릿가루 죽/ 한 국자씩 퍼주시며/ 옷고름에 눈물 훔치던/ 어머니'의 슬픈 영상은 70, 80대 실버세대라면 누구나 가슴 속에 담고 있을 터이다. 유년 시절 보릿고개 부모님이 고생하셨던 모습에 대한 안타까움과 고생만 하고 세상을

떠나가 버린 허망함 속에 그리움과 젊은 시절의 추억은 모든 사람의 가슴 속에 공통으로 존재하는 것이기도 하지만 유독 그에게는 강한 것 같다. 그러기에 어머니에 대한 그리움은 '아리랑' 노래가 되어 그의 가슴 속에 살아있다. '심장 깊숙이 새겨진 아픔을 세월에 씻겨내고 바람에 날려' 보내는 시적 화자의 심경으로 들어가니, 평자에게도 아리랑 가사가 떠오른다.

'심장 깊숙이 새겨진 아픔'이 주는 '궁'의 상황이 어려웠던 젊은 시절을 관통해 나간다. 이 시의 첫 연은 역경을 이겨낸 승자의 모습을 보여준다. 극복과 성공은 그의 눈을 뜨게 하고 암울했던 시절의 기억을 떠올리게 한다. 이 시의 행간에 놓은 '아리랑 노래되어'란 어구는 언제 어디서나 그의 세계관을 소환한다. 세상에 존재하는 모든 것은 자기를 표현함으로써 자기 존재를 드러내는 것이 아닌가. 그의 대다수 시들은 유년 시절과의 교감에서 오는 회억으로 생성되었음을 알 수 있다. 이 시인이야말로 눈물의 습기를 통해 '유연한 삶'을 황홀하게 만나는 작가다. 시가 소시민적 생활의 애환을 그리든, 병든 사회에의 저항과 분노를 나타내든 간에, '진실성' 속에 그 대상을 용해하고 있다는 점이 최병용 시의 강점이다. '희멀건 보릿가루 죽/ 한 국자씩 퍼주시며/ 옷고름에 눈물 훔치던'이라는 벼랑 같이 느껴질 정도의 미학적 사유가 녹아든 어구를 적재적소에 놓을 때까지 그는 감각의 촉수를 수없이 갈고 닦았으리라 본다.

> 갈매기 울음소리 흩날리던/ 그 시절 꿈들은 어디 흘러갔을까// 푸른빛이 넘실대는 내 고향 바다/ 햇살은 금빛으로 윤슬이 반짝이고/ 파도는 속삭이며 바닷가에 안긴다// 아이들의 웃음소리 파도에 번지고/ 저 멀리 수평선은 한 아름 꿈을 품고 있는/ 끝없는 우리들의 이야기를 담고 있다// 마음속 바다에 물결이 일렁이고/ 따스하고 눈부신 우리들의 마음을/ 고향 바다는 오래도록 되새기며 기억한다// 나는 언제나 그 바다에 기대어/ 한 줌의 고향을 가슴에 안는다.

―「고향 바다」 전문

시 속에는 압축된 삶의 영혼이 서려 있다. 그 영혼을 만나기 위해 시적 화자는 일상 또는 상상 속에서 자연을 그리워하며 삶의 진경을 찾아 나선다. 바로 토포필리아의 구축이다. 자신이 발을 디뎠던 영역의 그 순수와 향기를 영원히 간직하기 위한 것이리라. 인간은 누구나 무엇에 의지해 자기를 지탱해 나갈 수밖에 없는 나약한 존재다. 따라서 언제나 자신의 가슴을 안온하게 감싸줄 수 있는 따뜻한 둥지를 찾아 끝없는 방황을 계속할 수밖에 없다. 그 둥지의 실체는 사람일 수도 있고, 또 다른 존재일 수도 있다. 무엇인가에 끌리거나 몰입하는 것은 둥지를 마련하기 위한 하나의 방편이다. 최병용이 이런 토포필리아적 시를 고집하는 것은 그러한 이유 때문이리라. 이 시는 향토적 녹색 서정이 녹아 있는 시다. 이미 제목에서 암시된 바와 같이 이 작품은 식물성적인 초록 이미지의 향연이 자연적 서정과 만나 정서녹화라는 주제의식으로 형상화되어 있다. 여타 작품들에 비해 서정성이 매우 짙다. 대상에 대한 긍정적인 사고로부터 나오는 정이 바탕이 되어 만물을 껴안는 서정의 힘이 공감을 견인한다. '인류사회는 궁극적으로 평화와 생태를 지향해야 한다'는 알트의 주장은 이 시가 가지고 있는 문제의식을 그대로 보여준다. 그 자연의 그늘에서 미를 심는 작업이 이 작품 속에 잘 그려져 있어서 감동을 준다고 하겠다.

고향을 떠나온 지 반세기가 되어서 일 년에 서너 번 이런저런 이유로 고향을 찾는 시적 화자에게 있어서 고향은 그리움의 거처다. 이 시를 따라가다 보면, 시골길 곡선이 직선으로 변모되어 어릴 적 그 토속적인 정취는 만날 수 없지만, 세월의 흐름 속에서도 그대로인 것도 있다. 고향 바다. 어릴 적 가난했기 때문에 아이스케이크 통을 메고 수업료를 벌어야 했던 길로 걸어가는 것은 그에게 운명이라 할 정도로 너무나도 당연했다. 이 시의 전개부를 장식하고 있는 '갈매기 울음소리 흩날리던', '푸른빛이 넘실대는 내 고향 바다'는 언제나 우리들의 이야기, 우리들의 마음을 기억하리라 믿는다. 이 시는 따뜻한 훈기를 느끼게 하는 고향 바다의 윤슬과 파도소리를 발견해서 향토서정으로 확산시켜 나가고 있다는 차원에서 문학적 가치가 크다. 이 시의 쾌미는 '나는 언제나 그 바다에 기대어/ 한 줌의 고향을 가슴에 안는다.'라는 부분이다. '한 줌의 고향'이란 표현이 참으로 맛있게 읽힌다. 문학은 어떤 의미에서 일상을 배경으로 전개되는 인간 행위의 기록이다. 이 시 안에는 어떠한 형태로든 식물성적인 녹색 삶을 보다 견고히 구축해 나가려는 시적 화자의 의지와 모습이 아름답게 드러나 있어 감동을 준다.

> 장미를 꽃 피우려/ 오월의 바람은 장미를 깨운다// 오월의 봄바람에 설레는 장미/ 그대 미소처럼 환하게 피어난다/ 오월 햇볕 따스하게 쏟아지고/ 피어나는 장미꽃 향기에 취한다// 오월의 눈부신 장미꽃밭에서/ 장미꽃 송이마다 내 마음 담아서/ 파란 하늘 흘러가는 저 구름에/ 꽃향기와 함께 그대에게 전한다// 장미는 향기로 마음을 적시고/ 오월은 그렇게 가슴에 물든다
>
> ―「오월의 장미」 전문

최병용의 「오월의 장미」는 그리움의 진한 향기를 내고 있는 연시다. 꽃은 사람의 애틋한 서정을 대변한다. 시인은 '오월의 눈부신 장미꽃밭에서 장미꽃 송이마다 내 마음 담아서 파란 하늘 흘러가는 저 구름에 꽃향기와 함께 그대에게 전하'면서 추억을 반추하는데, 장미의 묘사와 비유가 서정적인 정취를 풍기면서 손맛을 준다. 장미꽃에 사랑을 담아 흘러가는 구름에 전한다는 말이 묘한 상상력을 불러일으킨다. 그 대상은 누구일까. 이 작품의 가치는 장미꽃의 결과물인 향기와 시적 화자 이면에 담긴 오월의 추억을 가슴에 물들여 이를 멋진 언어 감각으로 형상화한 데 있다고 하겠다. 영원 앞에 한없이 나약한 순간을 사는 인간의 눈에도 짧은 생명력으로 피어나는 장미꽃의 향기는 그리움의 대상일 수밖에 없다. 장미향을 맡으면서 깨닫게 되는 인생의 진리가 그대로 가슴 속으로 파고든다. 공감의 획득이다. 시 창작에 있어서 삶에 대한

고도의 세련된 지적 통찰은 시의 핵이다. 최병용의 시 「오월의 장미」는 낭만적 정조가 특징을 이룬다. 그는 머리보다 먼저 가슴에 와닿는 시를 쓰는 사람이다. 그래서 그의 시에는 인생에 대한 깊고 담담한 관조와 거리를 두고 물끄러미 바라보는 조망이 있다. 마음을 차분히 가라앉혀주는 위안과 인간의 정신을 고원한 곳으로 이끌어주는 깊이가 있다. 인생을 보는 작가의 견해는 장미향 속에서 유현한 맛을 풍긴다.

> 어둠이 사방에 나래를 펴면/ 하늘엔 조용히 별들이 핀다/ 누군가의 기도처럼/ 소망 하나씩 눈부시게 매달린다// 나는 길을 잃지 않으려/ 별빛을 따라 걷는다/ 희미하지만 선명한 빛/ 어둠 속에서 방향을 잡아준다// 바람은 말없이 등을 밀어주고/ 달은 먼 길을 묵묵히 밝힌다/ 이 길 끝에 무엇이 있든// 다소는 불편하고 조금은 어둡지만/ 희망을 한 아름 가슴에 안고/ 별빛 따라 걷는 이 길이 행복하다
>
> ―「별빛 따라 걷는다」 전문

별은 길을 잃지 않으려는 최병용의 등불이다. '희미하지만 선명한 빛/ 어둠 속에서 방향을 잡아' 주기 때문이다. 별은 소리를 내지 않지만, 가장 먼 곳에서 울리는 침묵의 음계다. 시적 화자는 밤마다 별의 악기를 연주한다. 별은 등불의 리듬이자 빛의 떨림이다. 최병용은 별빛을 사랑하는 시인이다. 별을 보는 마음이 남다르듯, 글을 쓰는 눈빛도 남다르다. 별을 본다는 것은, 착하게 바르게 살아가겠다는 다짐이다. 별은 하늘의 시간과 땅의 공간을 수놓는 마법이다. 상

징이 그려낸 가장 오래된 이미지다. 정교하고 섬세하며, 우연하게 놓여 있는 하늘의 별 하나가 최병용 시인을 지켜준다. 별은 행간을 초월한 질서이자, 형상 이전의 그림이다. 별은 먼 우주의 어둠 속에서 자기 자신으로만 빛난다. 타인의 시선 없이 별은, 스스로 타오르는 존재다. 그의 별은 다가가면 사라지는 순수의 상징이다. 영원히 떨어져 만질 수 없는 그리움의 원형이다. 그리운 어머니의 상징이다. 최병용의「별빛 따라 걷는다」는 희망을 붙잡고 내일의 꿈을 키우는 자의 미래에 대한 동경이다. 말해지지 않은 실천이성의 길을 별빛에 견주어 묘파 하였다.

칸트의 '물자체'처럼, 최병용이 닿고자 하지만 영원히 닿을 수 없는 대상이 별이다. 마치 눈앞에 사랑하는 연인이 있지만 결코 만질 수 없는 강렬한 떨림처럼, 그에게 별은 언어 이전의 순결한 존재다. 결코 언어로 번역될 수 없는 밤하늘 속에서 들려오는 안내자의 아득한 목소리다. 어쩌면 별은, 언어 바깥에 있는 형상인지도 모른다. 공간의 깊이가 두터워 철학과 사유로 빛나는 보석인지도 모른다. 그에게 소유할 수 없기에 가장 깊이 존재하는 것이 '별'이다. 별은 최병용의 실천이성을 이미지화한 시를 쓰게 한 객관 대상이다. 별은 허공에서 제 몸을 불태워 신화가 되기에 그리움과 영원의 기호다. 과거의 감정과 기억, 태초의 영혼을 불러내는 신비다. 별은 그 자체가 우주의 무의식이다. 별은 작가의 마음을 비치는 거울이다. 시적 화자는 무수히 빛나는 내면의 별빛으로 구원을 받는다. 별은 인간의 예술 본능을 깨우는 텅 빈 여백이다. 별은 하늘의 중심을 돌고, 밤하늘 꿈을 만들고, 질서이면서 자유가 된다. 그 무한대의 밤하늘 별들은, 시적 화자를 비추는 가장 밝은 빛이 된다. 침묵 속에서 가장 오래 기억되는 것이 별이듯, 그의 시는 해석을 넘어선 별빛같이 빛나고 있다.

> 이른 아침 깖깍 깖깍/ 두 마리 까치가 아침잠을 깨운다// 반가운 손님이 오려나 보다/ 창문 밖에서 까치 한 쌍이/ 날갯짓하며 하루를 연다/ 공원 옆이라 자주 듣는 까치 소리// 예전엔 아침에 까치가 울면/ 반가운 손님 온다. 좋아하던 길조인데/ 지금은 해를 끼친다고 멀리한다/ 그런데도 마음속에 길조는 까치이다// 깍 깍 울어대는 까마귀 소리보다/ 까치의 울음소리는 정겨운 소리이다

— 「까치 울음소리」 전문

최병용의 시는 우리가 살아왔던 시간들 중에서 인간미가 서려 있던 시간에게 뿌리를 내리고 있다. 시의 특성 중 하나가 자연의 소리를 듣는 영적 성격이다. 까치가 옛날에는 길조였는데 요즘은 그 인식이 역전되었지만, 시적 화자는 마음속에 까치가 길조로 남아 있다고 고백한다. 그러하기에 까치 울음소리는 정겨운 소리다. 「까치 울음소리」는 '이른 아침 깖깍 깖깍/ 두 마리 까치가 아침잠을 깨운다'는 진술로 시작한다. 작가는 아마도 사람들이 까치를 싫어하지만 그래도 까마귀 소리보다 더 정겹다는 대립항으로 까치의 가치를 고양하고 있다. 남들이야 뭐라 생각하든

자신은 '반가운 손님이 오려나 보다'하고, 마음을 긍정적인 쪽으로 돌린다. 작가는 이를 좋은 징조로 여긴다. 그는 까치 울음소리를 통해 전통 미학의 가치를 추구한다. 까치 울음소리에 자신의 세계관을 투영하고, 자신의 기호까지도 포갠다. 그렇게 해서 자신의 색깔과 그림자를 드러내고자 한다. 햇볕이 나도 그림자를 지울 수 없듯이 그림자도 우리 자아의식의 중요한 반려자가 되어 있다. '그런데도 마음속에 길조는 까치이다'라는 표현은 자기 존재를 스스로의 눈으로 응시하기 위한 수단이 된다. 이 시는 자기 응시의 경로를 통해 문학적 향취를 풍긴다고 하겠다.

> 어둠이 깔린 바닷가/ 광안리 해변 모래밭/ 난잡하게 많은 발자국이/ 모래밭에 흔적을 남겼다// 처음엔/ 물결이 살짝 스쳐 간/ 자국이려니 싶었는데/ 자세히 들여다보았더니// 유명한 화백이 그린 그림처럼/ 깊게 또는 얕게 파여 남겨진 모형이/ 전시회에 전시된 그림 같아서/ 한동안 그 자리에 멈추어 섰다// 자연이 남긴 아름다움에/ 도취되어 본 순간이다

— 「모래 위에 남긴 발자국」 전문

이 시의 공간적 배경은 반갑게도 부산 광안리 해변이다. 시적 화자는 언제 부산을 방문한 적이 있는가 보다. 원래 글의 서두 기능은 독자의 시선을 붙잡아두는 데 있다. 어떤 시보다도 이 시에서 두드러지는 시어는 '흔적'이다. 들뢰즈는 여러 아장스망을 통해서 인간은 흔적과 주름을 남긴다고 하였다. 나의 바깥에 있

는, 우리가 잘 보지 못하는 흔적의 아름다움을 이 시는 극명하게 보여준다. 이 시의 최고 압권은 '유명한 화백이 그린 그림처럼/ 깊게 또는 얕게 파여 남겨진 모형이/ 전시회에 전시된 그림 같아서/ 한동안 그 자리에 멈추어 섰다'는 대목이다. 흔적이 예술품으로 변한 것이다. 자신의 거처를 잃고 자신의 영토에서 추방당한 것들은 도처에 있다. 세계의 어둠을 목격하고 그것을 읽어내고 역설적이게도 '흔적'에서 다른 예술적 가치를 발견해 내고 있다는 점에서 문학적 가치는 물론 성취도 빛난다고 하겠다. 시인은 감각을 통해 자아를 포함한 세계와 만나고, 독자는 감각을 통해 시와 교감한다. 시인은 시를 쓰면서 자신의 마음을 가장 잘 나타낼 수 있는 언어를 선택하고, 자신이 선택한 언어를 통하여 자연적으로 자신의 내면을 들여다보게 되는 것이다. 이때 선택하는 제재는 의식의 지향성에 의해 시인이 표현하고자 하는 마음과 가장 유사한 사물이나 상황을 나타낸다고 볼 수 있다. '흔적'의 화두는 그의 철학을 잘 보여주는 코드화된 어휘라 하겠다.

특히 최병용의 시는 누구나 공감할 만한 삶의 진리를 담고 있어 좋다. 시는 아름다움을 묘사하는 것만으로는 부족하다. 이 현실적 요소에 필수적으로 인간적인 요소가 가미될 때 그 지점에서 비로소 시가 문학이 되는 것이다. 시적 화자는 언제나 깨어있는 마음의 눈으로 사물을 보는 존재다. 그러나 육안은 사물의 겉만 볼 수 있다. 그의 시는 첫 장에서 다른 장으로 나아가면서 많은 변화를 보인다. 무엇보다도 사회와 역사를 관통하면서 시적 형상화도 원숙해졌다. 이런 변화는 시인의 시에 대한 고민이 깊었던 결과라 하겠다. '자연이 남긴 아름다움에/ 도취되어 본 순간이다'라는 부분은 비생명체라는 구성소와의 교감을 의미한다. 발자국 흔적에서 예술적 형상을 건져낸 그의 직관은 그의 시적 문재를 보여주는 것으로, 공감의 지름길을 여는 창이라 할 수 있겠다. 어떻든 그의 시는 인문학적 사유로 빚어지기 때문에 멋과 맛뿐만 아니라 향기를 지닌다. 그 향기는 내면의 솔직함에서 나온다. 또한 작품과 작가는 일치한다. 시적 삶의 진실이 그대로 자신의 시 속에 투영되기에, 향기가 난다. 이 시는 최병용에게 있어서 삶의 진실과 시의 진실이 같음을 증명한다. 일상을 조탁하는 정서의 힘이 멋을 한껏 우려낸 결과라 하겠다. 위의 시 말고도 여러 시를 보면, 그는 어둠 속에서도 환히 피어나는 피안의 세계를 가진 시인임을 알 수 있다.

III.

최병용 시인에게 있어서 시는 무엇인가? 작품집 탐구를 마치면서, 그의 시는 삶의 존재 이유이며, 삶의 희망을 부르는 노래였다고 말하고 싶다. 인연에 대한 사랑과 현실 인식의 치열성에 대한 존재론적 의미를 표방하고 있는 이 시집의 특징이라면, 작가정신으로써 시가 현실과 유리되지 않고, 시대를 비추는 거울로서 기능하고 있다는 점이다. 이 시집에는 현실의 왜곡상을 폭로하면서 현실의 모순을 타개하려는 작가의 적극적인 의도가 드러나 있어 많은 공감을 준다. 시인은 도저히 담을 수 없는 문제에는 직접 목소리를 내기도 했지만, 어떻게든 시적 형상화를 위해 노력한 흔적이 엿보인다. 크고 화려한 길을 찾아가는 것이 아니라 일상적인 것에서 소박한 아름다움을 찾아가는 소확행 삶의 태도도 좋았다. 시 쓰기를 '희망의 찬가'로 여기는 분이니까 앞으로도 계속 좋은 시를 써낼 것으로 본다.

문학적 성취가 빛나는 작가의 의무이기도 한 '저항성'을 유지하면서도 불완전한 사회에 대한 긍정적이면서도 따뜻한 시각을 유지하려는 시인의 긍정적 세계관에 박수를 보낸다. 시의 긴장성과 애매성에 대한 치열한 도전이 뒤따르면, 현대시인의 반열에 오를 수도 있겠다. 무엇보다도 이 시집에 드러나고 있는 최병용 시인의 작품집에서 읽을 수 있는 '고향 완도', '청소년 선도위원', '중국 사업가', 'FM으로 살아오신 분', '아이스께끼 장사', '소년가장' 등의 키워드가 갖는 힘이, 희망의 노래와 접점을 이룸으로써 그의 시와 수필은 더 나은 세상을 만드는 데 크게 기여하리라 본다. 싸르트르는 '피로써 쓰라'고 했다. 좋은 작가로 거듭나기 위한 그의 노력에도 박수를 보낸다.

에이브럼즈는 문학의 기능을 거울과 등불의 두 가지로 나누고 있다. 무엇보다도 문학이 되어야 하는 게 먼저다. 거울이니, 등불이니, 순수니, 참여니 하는 변별은 그다음의 문제다. 동시에 그것은 세계관의 문제이기 때문에 좋고 싫음의 판단이 있을 뿐 우열의 기준이 될 수는 없다. 문학은 상상력이나 예리한 관조, 지적 통찰의 체로 걸러지지 않은 채 쓰여져서는 안 되는 것이다. 단순한 체험의 나열이어서도 안 되고, 결코 관념의 퇴적장이어서도 안 된다. 화려한 수식어의 나열이나 이미지의 배합에 몰두해서도 안 된다.

「아침을 연다」,「내 인생의 봄」,「노을에 비친 희망」,「인생의 선물」,「늦은 겨울 이른 봄」,「겨울 지나면 봄」,「희망으로 다가선 봄」,「희망을 꿈꾸며 사는 사람들」,「꿈과 희망」,「희망의 서울」,「커피 한 잔에」,「백 세 시대」 등 그의 시가 희망의 찬가라면,「판도라의 상자」,「아직도 우리 곁에는」,「사모곡」,「순덕이」,「가훈」,「삶의 응어리」 등 그의 수필은 역경의 극복사라 하겠다. '봄', '빛' 등의 시어를 대면하는 쾌미는 희망을 노래하는 부분을 관통하면서 느낄 수 있다. 물론 희망 그 자체가 아니라 희망이 구체화되고, 상징화되어 시적 언어로 피어나고 있는 부분을 통과하면서다. 시를 통해 자기 삶과 존재를 확인하고 그것을 증명하는 동시에, 부정과 어두운 삶의 그늘로부터 벗어나고 싶은 독자가 있다면, 감히 이 작품집 『아침을 연다』를 권한다.

최병용 시인은 희망의 전도사다. 시인은 시작을 통해 '희망'을 이야기하고자 한다. 그 근거는 '아침', '봄'에 모두 담겨있다. 삶의 묘미가 빛나는 글임에 틀림없다. 이 시뿐만 아니라 일부 수필이 현실인식의 치열성을 보이면서도 방법론과 기교의 다양한 층위에서 만족할 만한 성과를 보인다는 것은 다음 작품집에 기대를 걸어도 좋다는 의미이리라.

문학세계대표작가선 1063
아침을 연다

南善 최병용 작품집

인쇄 1판 1쇄   2025년 10월 17일
발행 1판 1쇄   2025년 10월 24일

지 은 이 : 최병용
펴 낸 이 : 김천우
펴 낸 곳 : **문학세계** 출판부 / 도서출판 **천우**
등   록 : 1992. 2. 15. 제1-1307호
주   소 : 서울시 광진구 구의강변로 85 강우빌딩 7F
전   화 : 02)2298-7661
팩   스 : 02)2298-7665
http://cafe.naver.com/chunwu777
E-mail : cw7661@naver.com

ⓒ 최병용, 2025.

값 20,000원

* 도서출판 천우와 저자의 서면 동의 없는 무단 전재 및 복제를 금합니다.
* 저자와의 협의에 따라 인지는 생략합니다.
* 이 도서는 한국예술인복지재단 예술활동준비금 지원을 받아 발간되었습니다.

ISBN 978-89-7954-970-6